ADVANCED NON-LITERARY TEXTS
FOR TRANSLATION
FROM AND INTO FRENCH

ADVANCED NON-LITERARY TEXTS FOR TRANSLATION FROM AND INTO FRENCH

by

MARGARET FRASER LÉCUYER, M.A.

Lecturer in French
The Polytechnic of Central London

and

PIERRE VIREY

Agrégé de l'Université
Professeur de 1ère Supérieure
à l'École Supérieure de Commerce de Lille

with a Foreword by

N. DENISON, M.A., Ph.D.

Director of the Department of Language Studies
The London School of Economics and Political Science
(University of London)

GEORGE G. HARRAP & CO. LTD
London   Toronto   Wellington   Sydney

First published in Great Britain 1970
by GEORGE G. HARRAP & CO. LTD
182–184 High Holborn, London, W.C.1

ISBN 0 245 50440 0

Composed in Times New Roman type and printed by
William Clowes and Sons, Limited
London and Beccles

Foreword

That of the manifold uses of human language the aesthetic function should almost alone have come to be identified with the more advanced (and indeed often with quite elementary) stages of language study is in itself a remarkable psycholinguistic fact. For there can be no doubt that by any yardstick, statistical or otherwise, the aesthetic function of language plays a relatively minor part in the lives of most individuals; whereas the communicative and social functions of language determine the very fabric of human existence. It is strange indeed that this immensely diverse and important area of language use, of which the present collection of texts represents a useful sample, should in our culture so often have to be described by some such negative term as 'non-aesthetic'. The proper perspective will not have been achieved until a book such as this can appear without fear of misunderstanding under the simple title 'French and English texts for translation', the corollary being that collections of the kind most commonly encountered hitherto will then have to bear the identifying label 'Literary texts . . .' or 'Aesthetic texts . . .'.

The years since the Second World War have nevertheless seen radical changes in the theory and practice of language teaching, and the changes have been nowhere more marked than in Britain. Emphasis has shifted from aesthetics to communication; this shift has often been taken to imply a corresponding concern for speaking and listening—if necessary at the expense of reading and writing. Whether this latter conclusion has always been justified at all levels or the course modifications which have followed from it have always been wise is a matter for debate, but one of the consequences has been an unprecedented concern with hardware.

Hardware, alas, is only as good as the software fed to it, and language teaching hardware consumes software at a bewildering rate. Small wonder, then, that there is a chronic shortage of suitable software, especially at the less elementary levels where there was and remains a considerable area of ignorance as to

5

the kind of materials likely to prove most suitable. In these circumstances the most useful non-aesthetic materials at the higher levels are those which are most versatile, in the sense that they are adaptable to tasks such as translation, paraphrase, précis, comprehension, reproduction and re-modelling both in the written and in the spoken mode.

The present collection of French and English texts meets these requirements in a way which should make it a model for similar collections in other languages. The non-aesthetic register-range is wide and varied without straying into the exotically technical, the texts are of suitable length for practical time-table needs, and they are up to date without having their intrinsic interest tied to the precise moment of their appearance. Only those who have themselves week after week hunted desperately for texts suitable in all these respects will appreciate the magnitude of the service which has here been performed. These texts should gladden the hearts of those teaching to the newer type of syllabus on both sides of the Channel.

N. DENISON

LONDON, *January* 1970

Acknowledgments

We should like to express our sincere thanks to Dr Norman Denison for his interest in the book and for accepting to write the Foreword.

We are also grateful for the invaluable advice given by Monsieur Claude Hernandez, Attaché Financier, French Embassy, London, and to Monsieur Joseph Vinter, Administrateur Civil au Ministère de la Santé Publique et de la Sécurité Sociale.

Our thanks are due to the following authors and publishers for permission to reproduce copyright material:

Association des Élèves, École Supérieure de Commerce et d'Administration des Entreprises de Lille (no. 41); Bureau d'Information des Communautés Européennes, Paris (nos. 21, 22); Les Éditions Denoël (nos. 3, 9, 18); *L'Express* (no. 43); Éditions Gallimard (no. 24); M. Jacques Fauvet and *Le Monde* (nos. 1, 2, 5, 10, 11, 12, 13, 14, 15, 16, 23, 25, 28, 30, 31, 33, 38, 39, 40, 42, 44, 46, 47, 48, 49, 50); M. Jacques de Bourbon Busset and *Le Monde* (no. 6); M. Maurice Faure and *Le Monde* (no. 17); M. Pierre Sudreau and *Le Monde* (no. 20); M. Victor Volcouve and *Le Monde* (nos. 7, 8); Fernand Nathan, Éditeur (no. 4); *Nord Industriel*, Lille (nos. 26, 27, 29); Secrétariat Général du Gouvernement, Direction de la Documentation (no. 45); M. C. Roche, Chef du Service des Relations Extérieures et de la Presse, S.N.C.F. (nos. 35, 36); Tchou, Éditeur (no. 37); *L'Usine Nouvelle* (nos. 32, 34); *La Vie Française* (no. 19).

Drive Publications Limited (no. 74); *The Economist* (nos. 57, 67, 75, 78); Standard Oil Company Incorporated in New Jersey (no. 83); *The Financial Times* (no. 60); Longman Group Limited (no. 65); *The Observer* (nos. 59, 96, 99, 100); Penguin Books Ltd (no. 77); *The Sunday Times* (nos. 53, 54, 55, 56, 58, 61, 63, 66, 68, 70, 72, 73, 80, 81, 82, 84, 86, 94, 95); *The Times* (nos. 62, 76, 87, 88, 90, 91, 93, 97); *Forward in Europe* (nos. 69, 71, 89); Unilever Limited (nos. 51, 52, 64, 79, 85, 92, 98).

M.F.L.
P.V.

Contents

9

Aménagement du territoire et sociologie

Economics

TEXTES FRANÇAIS–ANGLAIS
1–50

1. *Fallait-il créer Rungis?*

On peut en effet se demander si l'évolution du commerce ne va pas très rapidement rendre caduques les immenses et coûteuses installations de Rungis.

La fabrication des produits laitiers diffère peu de nos jours de celle des produits manufacturés et le processus de formation des prix est à peu près semblable dans l'un et l'autre cas. Un nombre croissant de fruits et de légumes sont, d'autre part, normalisés, présentés de façon homogène, un peu comme le sont les produits fabriqués en usine. Or, ni les aspirateurs, ni les fourneaux à gaz, ni les appareils ménagers ne sont vendus sur des marchés: les commerçants les achètent à des grossistes qui s'approvisionnent directement à l'usine. Ces circuits de distribution ont fait leurs preuves depuis longtemps et le prix final correspond à l'addition du prix de revient du fabricant et des marges prélevées à chaque stade de la distribution par les intermédiaires.

Si ce schéma s'applique bientôt aux produits alimentaires, les grands marchés seront court-circuités et n'auront plus d'utilité: un certain nombre de spécialistes font en effet remarquer que les agriculteurs, d'ailleurs encouragés par les pouvoirs publics, s'organisent peu à peu et se groupent afin de pouvoir négocier directement avec le commerce. Le représentant d'une grande société commerciale présent sur le lieu de production peut très bien à partir d'un échantillon représentatif d'une récolte homogène conclure avec une SICA (Société d'intérêt collectif agricole) ou un groupement de producteurs un contrat portant sur la livraison pendant toute une saison d'une certaine quantité de fruits et de légumes.

C'est vrai. Mais comment établir un cours en dehors des lois du marché? La question empoisonne les rapports entre agriculteurs et commerçants. Si une grande société de distribution s'engage vis-à-vis des producteurs à payer un prix fixe pendant toute une saison, elle perdra des clients — ou de l'argent — si les cours au jour le jour sont plus bas sur les marchés sur lesquels continue de s'approvisionner le commerce traditionnel. Si, au contraire, les cours sont plus élevés sur les marchés, les producteurs regimberont — comme cela est arrivé — ou chercheront à tourner les clauses du contrat pour tirer plus d'argent de leur récolte. Ces difficultés ajoutées à bien d'autres qui concernent les frais de présentation, d'emballage, de conditionnement, expliquent que jusqu'à présent en France très rares sont les contrats qui comportent des clauses de prix fixes. Dès lors, le problème reste entier et les responsables des grandes chaînes ont jusqu'à présent déterminé les prix qu'ils acceptaient de payer à l'agriculteur... les yeux tournés vers les cotations des Halles. Bien plus, ils ont pour la plupart continué de s'approvisionner — en tout ou en partie — sur les marchés, où les cours sont parfois plus bas que sur les lieux mêmes de production.

(332 mots)

Le Monde, 9–10 mars 1969

2. *L'étude du marché n'est pas le marketing*

Si on ne peut faire de marketing sans étude de marché, l'étude du marché n'est pas tout le marketing. De même que la vente n'est pas tout le commerce. Il s'agit non pas d'une fonction, mais d'une méthode de travail qui ne peut être appliquée qu'en équipe, avec non seulement des chargés d'études, mais des responsables techniques et financiers, des publicitaires, des services de distribution et de promotion des ventes. L'originalité tient à la rigueur méthodologique, diverses techniques étant disponibles, et à l'importance accordée à la notion de marché, origine et but de toute décision. Une telle façon de travailler est tellement normale qu'on la tient souvent pour naturelle. Mais la pratique a cinquante ans de retard sur la logique.

Il faut d'abord, bien sûr, collecter les données du problème: analyser les besoins — actuels et futurs — du marché et connaître l'appareil de distribution, d'une part; définir les contraintes (techniques, financières, humaines) qui s'imposent à l'entreprise, d'autre part. Moyennant quoi on détermine les actions commerciales possibles entre lesquelles il faut choisir: la partie du marché à conquérir, le produit à fabriquer, le circuit de distribution à organiser, la politique de promotion à adopter, le prix à proposer. Le choix de la politique commerciale d'ensemble consiste à assigner à chacun de ces éléments une importance relative de façon à prévoir un budget.

La validité et l'opportunité doivent être vérifiées avant le lancement complet des opérations par des tests de produits, de marques, d'emballages, d'annonces, de prix... sur des marchés témoins. Après quoi, l'infrastructure entière est mise en place : choix de distributeurs, recrutement d'agents, modification des structures de l'entreprise. L'exécution des plans est ensuite constamment surveillée grâce à la comparaison des résultats avec les objectifs. Les décisions sont éventuellement modifiées.

Aux États-Unis, toutes ces opérations sont coordonnées dans les firmes dynamiques par un responsable de grade élevé, généralement « vice-president in charge of marketing ». C'est lui qui préside aux choix qui orientent le destin de la société. (344 mots)

Le Monde, Supplément au n° 7430, 3 décembre 1968

3. *Craintes du patronat*

Les craintes du patronat se classent sous trois rubriques :

1° — « Le problème des investissements américains n'a pas soulevé de difficulté aussi longtemps que l'industrie américaine n'a pas utilisé le marché financier européen, comme elle semble maintenant le faire d'une façon de plus en plus massive... Il est à craindre que les appels des entreprises américaines au marché européen des capitaux ne s'effectuent maintenant au détriment des possibilités de financement des entreprises européennes. » Voilà un premier conflit.

2° — Le deuxième est plus important : « Alors que dans certaines régions l'implantation d'entreprises américaines a contribué fort heureusement à la création d'emplois nouveaux (par exemple en Italie), dans la plupart des autres pays qui connaissent une tension sur le marché du travail, l'appel de main-d'œuvre qu'entraînent les investissements américains suscite des difficultés. Ces difficultés sont aggravées par les pratiques utilisées par les chefs d'entreprises américaines en ce qui concerne le recrutement du personnel et les conditions offertes. » Le deuxième reproche, après celui d'assécher le marché des capitaux, est donc celui de provoquer des hausses

17

de salaires en raison des augmentations substantielles offertes par les Américains aux candidats qu'ils recrutent.

3° — Troisième reproche: les entreprises américaines cassent les prix. C'est sous une formule non dissimulée que l'UNICE reproche à ses concurrents étrangers de ne pas respecter les cartels et les ententes qui visent à maintenir les marges de profits: «Il est apparu, dit le manifeste, que certaines sociétés américaines étaient mal informées des mécanismes de prix existant sur le marché européen et que les divers concurrents continentaux s'efforcent de respecter. Une étude en commun des méthodes applicables à l'établissement des prix de revient nous a permis d'établir des règles qui, tout en sauvegardant la concurrence, se sont révélées bénéfiques pour toutes les parties intéressées.» Aussi conviendrait-il d'éviter que, par ignorance, les entreprises américaines provoquent une guerre de prix risquant d'entraîner des troubles graves sur le marché.

Animation du marché financier, meilleurs salaires, meilleurs prix; peu de plaidoyers autant que celui-là sont susceptibles, en somme, de convaincre du bien-fondé d'une politique libérale à l'égard des investissements américains. — Autrement dit, l'investissement extérieur est en train de secouer sérieusement, on le voit, les habitudes de pensée des dirigeants politiques comme des chefs d'entreprises.

(346 mots)

J. J. Servan-Schreiber, *Le Défi américain*
© 1967 Éditions Denoël, Paris

4. *L'aide financière et technique aux pays en voie de développement d'expression française*

L'aide financière et technique apportée par la France (et par d'autres États) à ses anciennes colonies est très utile; peut-être même est-elle indispensable. Mais, ce soutien n'est absolument pas suffisant; car le développement de ces pays dépend avant tout de leur propre effort. Il s'agit en effet de mettre au travail la grande masse des chômeurs. Toute création industrielle ou agricole est vouée à l'échec si l'augmentation de production qui en résulte ne trouve pas de débouchés dans la population. Il faut donc que son pouvoir d'achat soit accru et en tout premier lieu, que les chômeurs, qui sont les plus démunis, trouvent du travail. Il n'est évidemment pas possible d'embaucher tout le monde dans des usines: les capitaux, les cadres, les machines sont insuffisants: la main-d'œuvre n'est pas qualifiée. De plus, la productivité des agriculteurs étant très basse, il ne leur est pas possible pour le moment de nourrir une forte population non-agricole.

Le développement de l'agriculture apparaît donc indispensable. Il peut être réalisé sans gigantesques travaux préalables, en fournissant des terres et du petit outillage aux paysans qui n'en ont pas, en les groupant dans des coopératives, et en les aidant à démarrer par des avances financières et les conseils de techniciens. De vastes ressources agricoles sont aisément exploitables dans l'ensemble de ces pays. Mais le pouvoir d'achat de la population ne peut s'accroître si l'augmentation des récoltes est encore prélevée par des usuriers, de gros propriétaires ou des commerçants abusifs. La mise en œuvre du développement économique nécessite donc de très importantes transformations sociales (réforme agraire donnant la terre aux paysans): pour cela, des changements politiques paraissent nécessaires car, dans la plupart des pays en voie de développement d'expression française, comme dans d'autres, le pouvoir est resté ou est tombé entre les mains des privilégiés. Les progrès de l'instruction sont également indispensables car l'ignorance généralisée entretient les superstitions nocives et retarde les progrès. L'illettré, qui ignore ses droits, est à la merci de chefs tyranniques, de patrons abusifs, d'usuriers, de fonctionnaires corrompus et de commerçants malhonnêtes. Il ne peut apprendre un métier et reste sans travail.

Depuis leur indépendance, les différents pays anciennement colonisés par la France ont réalisé des progrès très inégaux. Dans un certain nombre, la situation est encore confuse; dans d'autres, l'économie est encore moins active qu'auparavant. Quelques-uns, pourtant, tentent de jeter les bases de leur futur développement économique.

(350 mots)

Guglielmo, Lacoste, Ozouf, *Géographie* (*classe de Ière*), Fernand Nathan, Éditeur

5. La télévision concurrence de plus en plus la presse populaire en déclin

Amélioration de la qualité

Les journaux ont réagi à cette compétition de diverses façons. Certains envisagent d'introduire ou d'accroître la publicité en couleurs: d'autres, comme le groupe *Times–Sunday Times*, accordent à leurs annonceurs l'avantage de pouvoir publier gratuitement la même annonce dans un des deux journaux de «l'écurie». Le *Times–Financial Times* offrent des abonnements spéciaux à prix réduits aux étudiants et aux élèves du secondaire. Le *Times*, qui compte déjà quelque trente mille «jeunes» abonnés, entend se constituer ainsi un solide et fidèle noyau d'une clientèle nouvelle.

Sur le plan rédactionnel, la tendance générale est à l'amélioration de la qualité. A l'exception du *News of the World* qui, pour rattraper le terrain perdu, se propose de publier davantage d'histoires croustillantes, de photos suggestives, les journaux «populaires» s'efforcent d'offrir à leurs lecteurs un plus grand nombre d'articles mieux documentés, visant à satisfaire l'appétit de connaissances que la brève nouvelle entendue au transistor et l'image sur l'écran ont seulement stimulé. Le fait essentiel n'en est pas moins que la télévision «vole» des lecteurs, et partant des annonceurs, aux journaux populaires dans la mesure où elle répond mieux aux besoins de leur clientèle.

En plus de l'amélioration de la qualité, les journaux réagissent également en recourant au maximum aux techniques nouvelles qui coûtent très cher mais que la concentration des moyens financiers rend accessibles. Certains observateurs craignent toutefois que cet effort technologique ne s'accomplisse au détriment des personnalités, qu'il s'agisse des directeurs ou des équipes rédactionnelles des journaux...

En définitive, en Grande-Bretagne comme ailleurs, la qualité finit par être payante, et il est réconfortant de constater que pour progresser il vaut mieux viser haut que bas. La concurrence du transistor et de la télévision pourrait bien annoncer des lendemains qui chantent, non seulement pour les journalistes dits «sérieux» mais aussi pour les talents littéraires, les «bonnes plumes». Le moment n'est pas loin où les hommes de lettres,

dont beaucoup dédaignaient le journalisme longtemps considéré comme un genre mineur, y reviendront ou s'efforceront d'y entrer. Peut-être faudra-t-il alors corriger la fameuse boutade et conclure en fin de compte que « le journalisme mène à tout, à condition d'y entrer... »
(360 mots)

Le Monde, 6–7 avril 1969

6. *Vivre pour l'expansion...*

Servir, corps et âme, une grande entreprise industrielle, cette perspective exalte quelques-uns, mais sont-ils nombreux? Le vice du système actuel est que, si on n'a pas l'esprit de maison poussé à l'extrême, on risque fort de se trouver bientôt balayeur ou balayé. Les impératifs de la production sont tels qu'on ne peut, comme jadis, se prêter à son métier en conservant avec soin un secteur libre, le plus précieux. Il faut donner tout son temps et toute sa peine, ou dégringoler. Pendant longtemps, cet état de choses a été habilement camouflé. On a créé une mystique du cadre. Tout le monde voulait avoir été, être ou devenir cadre, ce héros des temps modernes.

On a bien déchanté. Dans la société, les cadres sont les gens qui se sentent le plus aliénés, le plus mystifiés. A mi-chemin entre les ouvriers et les patrons, qui ne sont eux-mêmes le plus souvent que des cadres très supérieurs, ils ont du mal à se situer. Ni prolétaires ni grands bourgeois, ils se retournent nerveusement pour voir si sur leur dos n'est pas épinglée l'étiquette infamante: petit-bourgeois. Bien sûr, on les console, on les cajole, on leur démontre qu'ils sont les moteurs de la grande épopée du développement. Mais en quoi l'expansion est-elle leur chose, leur raison de vivre?

La déception des quadragénaires, et souvent même c'est de la rancœur, n'échappe ni à leurs cadets ni à leurs fils. Pourquoi s'étonner si les jeunes manifestent une bruyante allergie au genre de vie qui leur est proposé jusqu'à l'âge de la retraite, que sociologues et économistes assimilent à une demi-mort? Le contraire serait surprenant.

Participer, dialoguer sont des exercices bienfaisants qui permettent un salutaire défoulement. Les mandarins de tout poil doivent se résigner à cette perte de temps. Qu'ils rognent un peu sur le golf ou le bridge! Mais l'essentiel n'est pas là. L'essentiel est que les conditions de travail soient telles que chacun puisse se payer, en dehors de son métier, le luxe d'une autre passion. Il faut faire admettre que chacun doit, s'il le désire, être libre de mettre au-dessus de la profession qui lui sert de gagne-pain un autre centre d'intérêt. Cela paraît aller de soi. Voire.

Il y a quelque trente ans, certains de nos aînés ont refusé de mourir pour Dantzig. Ils avaient tort de ne pas voir quel était le véritable enjeu, et on le leur a bien fait voir. Mais qui aujourd'hui condamnerait ceux qui refusent de vivre pour l'expansion?
(384 mots)

Jacques de Bourbon Busset, dans *Le Monde*,
28–29 juillet 1968

7. *L'avenir de l'or (1)*

Où mènerait le cours forcé du dollar?

La démonétisation de l'or par les Américains, c'est-à-dire l'instauration d'un cours forcé du dollar régissant les rapports commerciaux des États-Unis et des autres nations, conduirait ces dernières à adopter des contrôles de changes rigoureux et à limiter les nouveaux investissements américains; elle les obligerait à stabiliser sur le marché officiel des changes les dollars «commerciaux» obtenus par les exportateurs nationaux et à laisser se déprécier sur le marché parallèle les dollars «financiers» provenant des mouvements de capitaux.

Certes, si la confiance dans le dollar était rétablie, son cours resterait sur le marché libre de l'or suffisamment voisin de la parité pour ne pas provoquer de réactions de défense. Certes, l'arrêt des hostilités au Vietnam, qui est éminemment désirable, peut rétablir pour un certain temps la confiance. Mais, que les Américains ne se leurrent point, le problème monétaire ne serait pas pour autant résolu. Le déficit extérieur est antérieur au conflit vietnamien, qui n'a fait que l'aggraver. S'ils ne modifient pas fondamentalement leur politique économique, les Américains pourraient fort bien perdre de nouveau de l'or.

Certes, la réévaluation de l'or dépend du Congrès. Que réserve l'annonce faite par le président Johnson de ne pas solliciter le renouvellement de son mandat? Si effectivement il ne devait pas être le futur président des États-Unis, celui-ci, qu'il soit démocrate ou républicain, n'aura-t-il pas, dès son investiture, la tentation de réévaluer l'or en mettant cette mesure sur le compte d'une mauvaise gestion du gouvernement actuel? Alors ne serait pas renouvelée l'erreur de Harold Wilson, qui, succédant aux conservateurs, aurait pu dévaluer la livre et ainsi épargner à son parti les tribulations actuelles et à l'Angleterre surtout trois années de sacrifices inutiles. L'idée d'une réévaluation de l'or fait d'ailleurs son chemin aux États-Unis.

Mais quelle réévaluation et dans quel système? Naturellement, les Américains seront d'autant plus tentés de choisir un taux élevé qu'il leur restera moins d'or. Un relèvement du prix de l'or doit d'ailleurs être suffisamment important pour paraître définitif. Mais, pour les Européens, il est nécessaire de le limiter en raison des risques inflationnistes que représenterait la déthésaurisation des pièces et des lingots. Des études sur le taux optimal de réévaluation en fonction de ces données et en fonction des possibilités de production des mines d'or seraient nécessaires. Mais on peut d'ores et déjà considérer qu'un relèvement de l'ordre de 60% est raisonnable. Ce chiffre correspond approximativement à la prime des pièces sur le lingot, ce qui limiterait le risque d'une déthésaurisation brutale. En ce qui concerne le système monétaire, il paraît anormal que les liquidités supplémentaires créées en faveur des États dans le cadre du F.M.I. soient proportionnelles à la contribution de chaque État au Fonds car cela conduit à en faire profiter essentiellement les nations les plus riches.

A moyen terme, en dépit des décisions de Stockholm, la réévaluation demeure l'événement le plus probable. La démonétisation de l'or semble passer par sa réévaluation.
(420 mots)

Victor Volcouve, dans *Le Monde*, 9 avril 1968

8. *L'avenir de l'or (2)*

L'avenir conduira-t-il à une pénurie d'or? A moins de

découvrir de nouveaux gisements — ce qui devient de plus en plus rare — il faudrait, pour augmenter maintenant la production, réouvrir de vieilles mines ou exploiter des filons marginaux, ce qui exigerait non seulement un prix de l'or beaucoup plus élevé mais aussi de coûteux investissements. Certes, il reste la question des ventes d'or soviétiques qui viennent certaines années grossir l'offre sur le marché occidental. Très irrégulières puisqu'elles sont la conséquence du déficit des paiements extérieurs de l'U.R.S.S., lequel varie d'une année à l'autre, elles peuvent être substantielles. Mais depuis quatre ans, si on excepte les bruits récents, encore imprécis, de ventes en provenance d'un pays de l'Est, l'or soviétique n'a pas été écoulé sur le marché occidental. La raison principale en est que le coût de revient du métal extrait en U.R.S.S., deuxième producteur mondial, estimé par certains experts à 70 ou même 100 dollars l'once, serait devenu si élevé que les Soviétiques cherchent de plus en plus à se procurer les devises qui leur manquent en vendant d'autres produits de leur sol. Dès lors, on peut présager de l'avenir et affirmer que les livraisons d'or soviétiques devraient fortement s'espacer.

Or, la demande va continuer à croître. Si les utilisations industrielles de l'or conservent leur rythme d'accroissement actuel, hypothèse raisonnable puisque cette progression a plutôt tendance à s'accélérer, elles devraient, d'ici 1975, absorber à elles seules la totalité de la production annuelle et, d'ici 1980, la dépasser largement. A long terme, le prix de l'or sur le marché libre devrait donc logiquement monter. D'autant qu'à la demande d'or industriel s'ajoutent les besoins de la thésaurisation privée. Enfin, les Banques centrales ont aussi une demande potentielle importante qui, si elle était libérée grâce à la levée de l'«interdiction» qui leur est faite aujourd'hui d'acquérir de l'or nouveau, constituerait un sérieux facteur de hausse du métal.

Il faut toutefois se garder d'une conclusion hâtive. En effet, les Américains vont s'efforcer de maintenir cette interdiction pour les Banques centrales d'acheter de l'or autrement qu'entre elles. L'éventualité d'une démonétisation à plus ou moins longue échéance pourrait aussi déclencher un phénomène de déthésaurisation important. On sait que les pièces et les lingots détenus par les particuliers sont évalués à 20 milliards de dollars, ce qui représente treize années de production. Si de «deman-

24

deurs » sur le marché de l'or, les particuliers devenaient
« offreurs », cela pèserait fortement sur le cours du métal. L'or
connaîtra-t-il à son tour le sort de l'argent à la fin du bimétal-
lisme, et les spéculateurs, le désenchantement?
(422 mots)

Victor Volcouve, Chef du Service des Études
Économiques, Banque Neuflize, Schlumberger,
Mallet; *Note d'Information*, janvier 1970 (n° 11)

9. *La tentative française*

Où en est cette tentative de riposte nationale dont la France
veut donner l'exemple, pour des raisons politiques que nous ne
discuterons pas ici? La réponse à cette question a fait l'objet
d'une étude sérieuse menée conjointement par l'industrie privée
et l'administration, étude qui n'a pas encore été publiée et dont
nous indiquerons ici quelques éléments.

Les techniciens qui ont procédé à cette analyse posent d'abord
le problème: « Dans un milieu international dominé par l'économie des États-Unis, les progrès de notre industrie dépendent
avant tout de notre capacité d'invention, d'innovation, et
d'amélioration technologique ».

Première constatation: A l'abri des barrières douanières, la
France a continué à tout produire, à chercher à exporter dans
tous les secteurs, à partir d'unités industrielles d'une taille le
plus souvent insuffisante et selon des méthodes le plus souvent
dépassées. On constate aujourd'hui que les progrès de la concurrence extérieure, et le rythme des prises d'intérêts étrangers
sur notre territoire, sont plus rapides que le mouvement de
restructuration des industries françaises. Nos entreprises
n'offrent plus « qu'une faible résistance à la poussée des capitaux américains ».

Deuxième constatation: de nos jours la possession de matières
premières est devenue, pour un pays, un facteur économique
de second ordre. Le coût de la matière première compte de
moins en moins dans le coût des produits élaborés. Ce qui fera
la différence désormais entre les nations c'est la valeur de leur
capital technique, et plus encore de leur « capital humain », le

second commandant d'ailleurs le premier. Or, une étude de l'O.C.D.E. montre qu'en valeur relative, la France exporte de plus en plus de produits primaires, non élaborés. Si nous devions continuer à vendre des demi-produits contre des matières premières, nous dévaloriserions notre capital humain et nous serions rapidement envahis par les produits élaborés étrangers. L'économie française se verrait cantonnée dans la production de biens relativement primaires, peu chargés de « matière grise » : autant fermer, écrivent les experts, « la moitié de nos universités, et orienter nos étudiants vers les ateliers des apprentis ».

Troisième constatation : l'effort qu'il s'agit d'entreprendre pour hausser la France au niveau d'un pays industriel moderne n'est pas hors de portée; mais il met en cause des structures traditionnelles fortement durcies par les habitudes et par les avantages acquis. Ainsi, de nombreux secteurs, qui sont condamnés par l'évolution technique, mais que nous continuons à soutenir et à développer, pèsent sur le progrès national. En affectant à la recherche industrielle d'avenir une fraction seulement de ces « subventions au passé », on pourrait améliorer de manière décisive les conditions de compétitivité des branches industrielles qui dépendent des facultés d'innovation.
(425 mots)

J. J. Servan-Schreiber, *Le Défi américain*
© 1967 Éditions Denoël, Paris

10. *La contagion de la « surchauffe »*

Ce qui se passe actuellement en Grande-Bretagne est caractéristique du malaise financier qui s'étend à tous les pays et qui menace même de gagner, à en croire le dernier bulletin de la Bundesbank, l'Allemagne fédérale elle-même. Que se passe-t-il en effet? Les efforts entrepris par les gouvernements et les banques centrales, et notamment par le cabinet de Londres et la Banque d'Angleterre, en vue de resserrer le crédit à court terme, sont inopérants. Le seul effet apparent qu'ils ont est de faire monter encore un peu plus les taux d'intérêt à court terme et de détourner encore un peu plus l'épargne des placements à long terme, d'où les difficultés croissantes des organismes du type des Building Societies...

La Banque d'Angleterre a demandé aux banques commerciales, au mois de novembre dernier, de réduire progressivement le volume de leurs prêts à l'économie, mais simultanément on assistait, dans le Royaume-Uni, à une nouvelle et puissante vague de création de liquidités: en premier lieu, l'Institut d'émission, pour faire face à la crise monétaire, faisait appel aux accords de « swaps » conclus en septembre 1968, à Bâle, et tirait en outre quelque 750 millions de dollars supplémentaires sur le Système de Réserve Fédérale; en second lieu, les possesseurs autres que les banques de titres d'État se portaient massivement vendeurs sur le marché, se procurant par ce biais des disponibilités. Il n'est pas étonnant, dans ces conditions, que la masse monétaire, au quatrième trimestre, se soit accrue au rythme annuel de 18% et qu'au cours de cette période on ait assisté à une accentuation du déficit global vis-à-vis de l'extérieur.

Il fut un temps où un déficit extérieur se traduisait par une certaine contraction des moyens de paiement intérieurs. Il y a belle lurette que les économistes keynesiens et néo-keynesiens, qui inspirent encore la politique des pays anglo-saxons (et de quelques autres dont le nôtre, par intermittence), ont rejeté ces « mécanismes » comme barbares et indignes des pays modernes qui préfèrent maintenant... rejeter leurs difficultés sur les autres (en dévaluant par exemple). Le réseau des « swaps » auquel on s'apprête à ajouter celui des droits de tirage spéciaux (qui ne sont que des « swaps » dont on a la franchise de dire par avance qu'ils ne seront jamais remboursables), rend, certes, des services dans les moments de panique, mais il est, parmi d'autres, un moyen de créer des liquidités qui ne sont jamais épongées par la suite, puisque les « swaps » sont renouvelés.

Au même moment où les gouvernements ouvrent un peu plus grandes encore les vannes du crédit international, ils exhortent leur système bancaire interne à « encadrer » sagement le crédit pour éviter la « surchauffe » de l'économie. Comment faire baisser la pression d'une chaudière qu'on alimente constamment? Le plus dramatique de l'affaire est que le phénomène ne peut que s'étendre au monde entier, car pays déficitaires (Grande-Bretagne, France) et pays excédentaires (Allemagne, Suisse...) sont fondamentalement dans la même situation: les

uns et les autres, quoique pour des raisons inverses, reçoivent en excès des moyens de paiement extérieurs.
(500 mots)

Le Monde (Supplément), 16 mars 1969

11. Les coopératives répugnent à choisir le statut commercial

La Confédération Française de la Coopération Agricole (C.F.C.A.), qui regroupe depuis 1968 les deux fédérations jusque-là concurrentes de la rue La Fayette et du boulevard Saint-Germain, tient ce jeudi à Paris son assemblée générale. M. Boulin, ministre de l'agriculture, participe à ces travaux.

Les coopératives agricoles se comportent souvent comme de vieilles dames craintives qui se sentiraient menacées. Cette inquiétude les pousse sans cesse à de minutieux examens de conscience sur leur « mission », leur « originalité foncière » et leur « vocation privilégiée » à « assumer le développement agricole ». Cela pour que nul ne doute de leur utilité...

L'assemblée de leur confédération n'échappera pas à cette règle. M. Raffarin, qui la préside, y présente en effet un rapport sur « la place de la coopération dans l'organisation des producteurs et des marchés agricoles ». Longue introspection, non dénuée d'intérêt, même si elle ne s'écarte guère des sentiers battus. M. Raffarin analyse la psychologie changeante du consommateur; il constate la mue des circuits de commercialisation et reconnaît que le « complexe » consommateur aux idées nouvelles — nouveau système de distribution — « impose de plus en plus sa loi aux producteurs et aux transformateurs ».

Quelle leçon en tirer? Selon le président de la C.F.C.A., les coopératives doivent travailler davantage avec les chercheurs de l'Institut de la recherche agronomique (INRA), abandonner leur « esprit de clocher » pour lancer des marques nationales (la réussite des produits laitiers frais Yoplait — d'origine coopérative — a impressionné les dirigeants paysans), assainir leur gestion et prendre en charge la diffusion du progrès agricole.

Si la moitié seulement des recommandations de M. Raffarin étaient retenues, ce serait déjà la révolution des habitudes du petit monde des coopératives. Les dirigeants de la C.F.C.A. n'ignorent pas qu'ils formulent là des « vœux pieux ». Mais s'ils mettent tant de persévérance à prêcher dans le désert, c'est avec le secret espoir de rassurer les pouvoirs publics, inquiets du conservatisme manifesté par une partie des coopératives. Ils voudraient dissuader le gouvernement de chercher une nouvelle fois à remédier par lui-même à ce conservatisme.

Les résultats de la dernière intervention des pouvoirs publics apparaissent, il est vrai, des plus décourageants. L'ordonnance du 26 septembre 1967, prise en vertu des pouvoirs spéciaux et excellente dans son principe, est restée longtemps lettre morte. Cette ordonnance, qui visait à faire de la coopération la force d'organisation de l'agriculture française dans la compétition européenne, distinguait pour l'essentiel deux formes de coopératives. D'une part les coopératives de statut civil (ce qu'elles étaient toutes avant l'ordonnance); d'autre part les coopératives de statut commercial aux règles de fonctionnement fort assouplies.

Était-ce trop demander? Dix-neuf mois plus tard aucune coopérative n'a encore endossé l'habit commercial. Cinq seulement, de petite dimension d'ailleurs, envisagent de le faire. Belle illustration de la résistance passive de tout un milieu! La Confédération de la coopération demande aux pouvoirs publics d'abroger l'ordonnance de 1967 et de lui substituer un texte élaboré par ses soins. Ce document propose une troisième voie entre le statut civil et le statut commercial, qu'elle rejette tous deux: celle d'un droit autonome *sui generis* qui traduirait dans les textes « l'originalité foncière du mouvement coopératif ». Subtilité et pointillisme de juristes? Les dirigeants de la C.F.C.A. retorquent que les coopératives allemandes ont déjà un statut autonome, qu'elles en sont satisfaites, et que le mieux serait en conséquence d'aligner sur elles le droit européen des coopératives. Cela dit, le projet de statut autonome escamote l'essentiel des réformes introduites par l'ordonnance de 1967. La seule qui, semble-t-il, soit conservée est l'autorisation de s'approvisionner en partie auprès de non-sociétaires. Le gouvernement n'a pas encore pris parti sur le projet de statut autonome.

(586 mots)

Le Monde, 18 avril 1969

12. *L'inflation et la société de consommation*

Attribuer l'inflation à l'essor trop rapide du crédit, c'est un peu prendre l'effet pour la cause. Vouloir la guérir, comme le font actuellement les gouvernements, par une thérapeutique purement monétaire, cela comporte de graves risques de chômage. Examinons successivement ces deux points.

Pour que le crédit se développe, il faut qu'il soit demandé : le banquier ne fait jamais d'avances qu'à ceux qui en ont l'utilisation. Nous avons vu selon quel processus, dans l'économie moderne, les entreprises se constituent des superprofits grâce à la possibilité qu'elles ont — du fait du fonctionnement très imparfait de l'« économie de marché » — de vendre biens et services au-dessus de ce qu'ils leur coûtent. Avec quoi leurs clients leur achètent ces produits si ce n'est avec les salaires, les dividendes, etc. qu'elles ont elles-mêmes distribués à leurs ouvriers, bailleurs de fonds, etc.? C'est ce que montrait la célèbre loi de Say, qui a longtemps été la base de l'économie politique et selon laquelle l'offre crée ses propres débouchés. Mais l'offre globale étant désormais facturée à un prix plus élevé qu'elle ne vaut, il faut bien, si on veut l'écouler à ce prix, « créer » des revenus supplémentaires sous formes d'augmentations de salaires qui ne correspondent, remarquons-le bien, à aucune amélioration réelle du pouvoir d'acquisition des travailleurs, puisque ceux-ci ne reçoivent ainsi que la faculté... de verser un surprix au producteur. A l'aide de ce surprix, nous le savons, le producteur va financer l'extension de ses usines (autofinancement).

Puisque l'inflation, c'est mettre en circulation des moyens de paiement pour représenter des « non-valeurs » sur le marché, on pourrait être tenté de penser que le coupable c'est d'abord l'appareil de distribution du crédit. Celui-ci joue en réalité un rôle plutôt passif: il remplit la fonction que réclame de lui une économie où l'épargne des entreprises, c'est-à-dire le super-profit, a remplacé l'épargne du public, substitution qui a pour conséquence de ravaler le marché du capital à une place mineure dans le financement des investissements. Cette fonction consiste à injecter constamment un pouvoir d'achat ne correspondant à aucune offre réelle sur le marché, faute de quoi la machine tombe en panne.

L'autofinancement, du reste, ne peut pas toujours être pratiqué: entreprises et particuliers sont amenés à demander aux banques des crédits amortissables sur une longue période, mais les banques ne peuvent prêter que ce qu'elles ont, à savoir des fonds qui leur sont confiés pour une courte période.

Pour faire face à cette tâche, le système bancaire a dû abandonner une à une, depuis une cinquantaine d'années, toutes les règles qui paraissaient le mieux établies, et cela aussi bien à l'échelon des banques commerciales qu'à l'échelon des banques centrales. Celles-là se sont donc mises à prêter à long terme des sommes qui étaient déposées auprès d'elles à vue. Celles-ci ont bien été obligées, *nolens volens*, de soutenir et d'alimenter en liquidités un système bancaire voué à ne plus être jamais « liquide » puisque les dépôts à vue sont immobilisés. Voilà la raison fondamentale pour laquelle plus l'inflation fait rage et plus grande est la pénurie de liquidités, comme on le voit aujourd'hui avec la montée des taux d'intérêt. La nécessité a donc amené les banques centrales à répudier les principes de l'étalon-or, qui tendaient — c'est là un point qu'on ne soulignera jamais assez — à proportionner la création de monnaie à l'offre de marchandises réelles sur le marché et non pas à l'importance des stocks d'or.

Désormais, il n'est plus moyen d'avoir un circuit monétaire équilibré — c'est-à-dire un circuit dans lequel les signes monétaires qui représentaient les marchandises sont détruits au fur et à mesure que celles-ci viennent se substituer à eux sur le marché: il faut au contraire sans cesse créer de nouveaux signes pour permettre à la demande d'égaler le montant nominal d'une offre artificiellement gonflée parce que ce montant nominal inclut un superprofit.

(613 mots)

Paul Fabra, dans *Le Monde*, 28 juin 1969

13. *Les réseaux d'informatique*

Les besoins que les réseaux d'informatique permettent de satisfaire peuvent se classer en trois catégories:

1) *L'accès à des banques de données:* dossiers médicaux ou collection d'électrocardiogrammes bien typés pour le médecin; dossiers d'offres et de demandes dans le domaine de l'emploi; information, règlements et précédents juridiques dans tous les domaines de la législation; informations économiques et commerciales pour les entreprises comme pour les organismes publics de prévision, de gestion ou de contrôle et d'intervention; informations scientifiques et techniques ou plus généralement documentation pour les chercheurs, les étudiants, les ingénieurs et les techniciens; gestion des brevets pour les ingénieurs; catalogues de matériels avec leurs spécifications et leurs fournisseurs pour l'architecte et les techniciens du bâtiment; offres et demandes immobilières pour ceux qui veulent acheter, vendre ou louer des locaux: la liste est véritablement infinie;

2) *L'accès à des batteries de programmes:* ces derniers seraient gérés par des centraux pour être utilisés à distance. Certains de ces programmes sont spécifiques d'une profession: il existe déjà d'excellentes bibliothèques de programmes, en résistance des matériaux (bâtiments, travaux publics); également dans l'industrie chimique et du pétrole pour les calculs de colonnes de distillation. Citons encore les programmes d'analyse et d'interprétation d'électrocardiogrammes ou d'encéphalogrammes. Mais d'autres programmes revêtent un caractère plus général et ils sont tout aussi nombreux: programmes linéaires pour l'industrie pétrolière, l'agriculture, l'industrie chimique, l'industrie alimentaire, la planification économique, etc.; programmes de paie, de facturation, de tenue de comptes, d'ordonnancement, etc., dans tous les domaines de la gestion; programmes d'interrogation, d'extraction, de ventilation et de gestion de fichiers; programmes de choix d'investissements, d'établissement de budgets et de plans de trésorerie. Mettre tous ces programmes à la disposition de multiples utilisateurs est d'ailleurs le seul moyen d'amortir des investissements de « software » qui sont la clé du progrès dans tous les domaines mais dont le coût, et surtout le nombre, vu leur extraordinaire croissance, auraient pu constituer le frein majeur au développement. De plus, l'utilisation partagée de ces programmes constitue probablement la manière la plus souple et de rémunération de certains « softwares »: outre les temps de traitement et de

transmission, l'usager se verra facturer, avec diverses formules possibles, des droits étant dûment reversés à leurs propriétaires. Un constructeur qui développe un réseau en temps partagé vient résolument d'entrer dans cette voie;

3) *L'accès économique à des équipements très diversifiés:* un besoin encore mal perçu dans sa nature comme dans ses conséquences. Les équipements d'acquisition de données — lecture optique ou lecture de courbes, de diagrammes, de dessins, de cartes par exemple — se multiplient avec, chacun, des propriétés techniques ou économiques bien précises. Il en est de même pour les équipements associés à toutes formes de capteurs d'informations. De même encore pour les équipements de visualisation, traceurs de courbes, traceurs de plans (notamment pour les architectes), écrans cathodiques en tous genres, dispositifs couplés de visualisation et de photographie ou de cinématographie, dispositifs de photocopie à distance, etc.

A cette liste, il convient encore d'ajouter les unités spécialisées d'enregistrement et de stockage de données ou même de traitements particuliers: citons les « convolutionneurs » d'une efficacité considérable pour les analyses de courbes (en sismique, en électroencéphalographie).

Or, selon les cas, les volumes d'utilisation et la nature du service requis, ces divers équipements peuvent être utilisés soit localement — on les installe alors dans les services qui ont à les utiliser — soit à distance — si le besoin que l'on en a ne justifie pas l'acquisition ou la location « plein temps » du matériel.

(646 mots)

Le Monde, 10 avril 1969

14. *Le démarchage à domicile doit être réglementé*

Pour améliorer la protection des consommateurs à l'égard du démarchage à domicile, qui donne lieu à de très nombreux abus, l'association « Consommateur Information » a organisé lundi à Paris une journée d'études, en collaboration — représentée par son secrétaire général, M. Estingow — plusieurs organisations familiales (A.P.F., C.S.F.), les coopératives de consommation et trois groupements de consommateurs. A l'issue de ces travaux a été adopté un texte réclamant la discussion rapide d'un projet de loi réglementant les ventes à domicile (voir ci-dessous).

Près de 39% des femmes déclarent n'ouvrir jamais leur porte aux vendeurs à domicile et 20,4% ne le font que rarement. Dans 30% des cas, les Françaises marquent, en effet, leur préférence pour l'achat en magasin et dans 24% leur désir de ne pas être importunées ou leur manque de confiance dans la qualité de ce qu'on leur propose. Confondant commerce et générosité, près d'un tiers des femmes interrogées se déclarent prêtes à acheter « un objet de charité »; parmi celles qui ont déjà acheté à un vendeur de passage, la moitié ont précisément acquis un tel objet.

Au total, la vente à domicile est encore considérée comme une forme de commerce marginale, éveillant une méfiance certaine. L'attitude des Françaises à son égard est d'ailleurs variable selon le milieu social et l'âge: les femmes qui ouvrent le plus volontiers leur porte ont de vingt à trente-quatre ans, la réticence augmentant avec les années... La catégorie socio-professionnelle du patronat est plus habituée et plus portée à recourir à ce mode d'achat; au contraire, les femmes appartenant aux professions libérales ou aux cadres supérieurs y sont relativement hostiles.

Les femmes qui ont un emploi sont plus intéressées par la formule que celles qui sont uniquement ménagères; elles apprécient la possibilité de gagner ainsi du temps et d'être informées sur le lieu même d'utilisation des appareils domestiques.

La vente déguisée en dépôt

La vente à domicile, qui représente un chiffre d'affaires d'environ 3 milliards de francs par an, n'est pourtant guère populaire. Elle est l'occasion de trop d'abus pour qu'il en soit autrement. Les organismes de consommateurs ont accumulé d'épais dossiers, concernant en général des personnes de revenu modeste, qui se sont laissées impressionner par des démarcheurs peu scrupuleux, se recommandant souvent d'une autorité: maire, assistante sociale, capitaine de gendarmerie... Ces individus prétendent procéder à une enquête, organiser un concours, apporter un cadeau publicitaire. En échange des marchandises laissées en dépôt, selon leur expression, ils demandent qu'on leur signe un bon « certifiant leur passage ». Le bon se révèle vite être un ordre de commande ferme pour un costume, une collection de livres, une encyclopédie, qu'il va falloir payer par traites pendant des mois ou des années.

La signature donnée, l'imprudence n'est pas toujours facile à réparer. Il existe, maintenant, une jurisprudence en la matière : lorsque l'engagement dépasse les ressources du ménage, lorsqu'il a été signé par la seule épouse (et que celle-ci ne possède pas de revenu personnel) il est possible d'obtenir — au terme d'un procès souvent long — l'annulation du contrat. Si un organisme compétent est saisi — mais combien de ménagères y pensent ? — la menace d'une intervention de cet organisme suffit parfois à faire reculer le vendeur indélicat. Il est certain, cependant, qu'une action après coup ou que la multiplication d'appels à la prudence : « Ne laissez pas entrer le démarcheur, ne lui versez pas d'argent, ne signez rien », ne peuvent remplacer un statut réglementant la vente à domicile en vue de protéger l'usager.

Les groupements de consommateurs essaient depuis des années de faire voter une loi à cet effet. Un texte, préparé en collaboration avec plusieurs services administratifs, a cheminé de ministère en ministère, jusqu'à l'hôtel Matignon. Mais il y reste depuis des mois... L'un des obstacles rencontrés semble être le sort qui sera fait au « délai de réflexion » exigé par les groupements de consommateurs, et qui permettrait à l'acheteur éventuel de réfléchir aux propositions qui lui ont été faites à domicile et de consulter des amis — ou des groupements de consommateurs — avant de se décider ; et cela sans avoir à risquer de payer des dommages-intérêts.

(671 mots)

Le Monde, 26 mars 1969

15. *Vers un « Kennedy round » technique*

Quelles que soient les raisons du « gap », peut-on au moins éviter que la différence de niveau entre les États-Unis et l'Europe ne s'aggrave? Une solution qui n'est peut-être qu'un palliatif, consiste à mieux organiser la circulation de l'information. Faute de savoir bien tirer profit de nos découvertes, nous saurons au moins où en est le grand partenaire et nous pourrons acheter ses idées ou ses techniques.

C'est s'attaquer à la question des licences. Sondés sur l'éventualité d'une amélioration des conditions dans lesquelles les Européens pourraient avoir accès à leurs brevets, les Américains commencèrent par se rebeller, en arguant qu'on ne pouvait s'en prendre aussi légèrement au principe de la propriété industrielle. Devinrent-ils progressivement conscients des dommages politiques et économiques que pourrait à la longue provoquer une trop grande disparité? Tout se passa, en tout cas, comme s'ils entendaient devenir plus compréhensifs. Ce ne fut pas, naturellement, pour permettre aux Européens qu'il leur serait possible d'avoir accès à meilleur compte aux brevets détenus par l'industrie privée. Mais on commença à envisager un éventuel aménagement des conditions de vente des licences appartenant aux diverses administrations.

Établissement d'une sorte de code des « bonnes mœurs » qui s'exprimerait par un adoucissement des conditions d'acquisition des licences, lancement d'un nouveau « Kennedy round », qui, au terme d'une négociation internationale, se solderait par un abaissement conjoint du prix des brevets, bien des formules peuvent être imaginées. Sans doute seront-elles au moins passées en revue par les ministres réunis au château de la Muette.

(240 mots)

Le Monde, 14 septembre 1968

16. *La France peut-elle devenir le fournisseur de viande de l'Europe?*

Les six pays du Marché Commun auront dans les prochaines années un déficit en viande bovine de plus d'un demi-million de tonnes. Si l'on englobe la Grande-Bretagne, le déficit de notre vieux continent atteindra même 700 000 à 800 000 tonnes. Or les pays qui nous entourent ne sont pas, en l'état actuel des techniques, en mesure de développer considérablement leur production. Les uns, comme l'Allemagne et les Pays-Bas, parce qu'ils ont des densités de peuplement particulièrement fortes, de l'ordre de deux cent cinquante à trois cents habitants au kilomètre carré, et qu'ils pensent que le « plancher des vaches » doit aujourd'hui être utilisé à d'autres fins. Les autres, comme l'Italie et les pays méditerranéens, parce que l'herbe n'y pousse pas, et qu'ils ne peuvent songer à développer un élevage qu'en le fondant sur une alimentation concentrée à base de céréales, matière première qui, pour l'instant, est très onéreuse.

Abaisser les prix de revient

A première vue donc, la France apparaît bien placée, elle qui possède la moitié des surfaces cultivables du Marché Commun, pour être le fournisseur de viande de l'Europe. A une époque où la surproduction agricole devient la règle dans tous les secteurs, même dans ceux qui, il y a quelques années, offraient de séduisantes perspectives de débouchés à la France, l'existence d'un marché aussi durablement déficitaire que celui des viandes bovines apparaît comme une chance providentielle. Mais il ne faut pas se faire d'illusions, cette chance échappera à notre pays s'il n'est pas en mesure d'abaisser ses prix de revient. L'expérience des États-Unis est là pour montrer que le consommateur cesse de « suivre le bœuf » dès lors que celui-ci commence à grimper sur le toit des prix. Il détourne alors son appétit vers les viandes « industrielles », moins appétissantes certes, mais moins onéreuses aussi, que sont le poulet et le porc. De plus, il ne faut jamais oublier que subsistent à la porte de notre riche Occident des pays où les conditions de vie restent médiocres et qui sont de ce fait capables de fournir de la viande à très bon marché. C'est le cas notamment des pays socialistes qui de surcroît n'ont guère que des produits agricoles à offrir en contrepartie des achats de produits manufacturés et d'équipement industriel qu'ils font chez nous.

Il est donc évident que la compétition sera dure pour les agriculteurs français et qu'ils ne gagneront la lutte qu'en s'organisant pour mieux produire et mieux vendre.

(387 mots)

Le Monde, 30 avril 1968

17. *La politique agricole européenne et la Grande-Bretagne*

Je ne veux pas entrer dans des considérations techniques. Un point essentiel me paraît être que pour l'Angleterre l'agriculture est une industrie, que le marché intérieur n'est pas protégé, que seuls sont protégés les revenus des agriculteurs. L'Angleterre connaît donc le double avantage d'avoir une agriculture relativement prospère et des prix alimentaires relativement bas, cependant que sa production est déficitaire par rapport à ses besoins — alors que pour les Six, très souvent excédentaires, l'agriculture est un ensemble spécifique méritant un traitement particulier, voire privilégié, isolé du marché mondial, connaissant des revenus relativement bas, malgré le coût relativement élevé des produits alimentaires.

L'Angleterre ne saurait prétendre, pour entrer dans le Marché Commun, obtenir une modification des bases de la politique agricole: l'unité intégrale du marché, sa protection aux frontières, la solidarité des agricultures nationales exprimées dans les mécanismes du financement communautaire constituant les fondements d'un édifice dont il faut accepter l'architecture, même si des aménagements s'avèrent nécessaires, et dont il faut espérer que la parenthèse actuelle ne sera que provisoire.

La dialectique qui a donné son dynamisme à la construction européenne réside dans un processus qui a conduit, d'abord, à définir les objectifs et le statut définitif pour en déduire, dans un deuxième temps, les phases intermédiaires, de telle sorte qu'elles conduisent au stade définitif. Ce mode d'opérer ne peut pas être abandonné. Le pragmatisme britannique sera mis à rude épreuve: Mais faut-il aggraver les difficultés en prétendant imposer à l'Angleterre une politique définie d'une manière rigide dans ses formes et dans ses modes de financement? Une nouvelle fois, on retrouve le problème central: puisque l'Angleterre sera membre de la Communauté, doit-on créer quelque chose d'irréversible et d'intangible à six ou poser dès maintenant le problème à sept? Dès lors qu'une volonté politique d'élargir la Communauté s'est affirmée, dès lors qu'une conscience exacte est prise des difficultés agricoles de l'Angleterre et des Six, il est possible de définir puis de conduire un effort concret

38

d'intégration dans la politique agricole commune de deux systèmes aujourd'hui profondément différents, et de préciser les responsabilités que la Communauté élargie entend assumer au niveau des marchés mondiaux.

Imposer une politique définie dans ses moyens et dans ses modes de financement équivaudrait à opposer à la candidature britannique un « non » qui, au delà de sa formulation, serait aussi catégorique que celui du général de Gaulle. Je n'en veux pour preuve qu'un fait: l'application des règles actuelles de financement ferait supporter à la Grande-Bretagne plus de 50% des dépenses agricoles communes. Comme le disait M. Pisani lors de la dernière session du Comité d'action pour les États-Unis d'Europe: « Une telle proportion serait manifestement inéquitable et impraticable ». Il ne s'agit pas de porter atteinte au principe de la solidarité financière. Il s'agit d'adapter les exigences de celle-ci aux positions des participants. Mais, encore une fois, à quoi servirait de fixer une règle rigide à six puisque, si l'on admet le principe de l'élargissement de la Communauté, cette règle devra être modifiée.

(443 mots)

Maurice Faure, dans *Le Monde*, 6 septembre 1969

18. *L'Europe face aux investissements américains*

Vouloir se donner les instruments d'organisation et de gestion qui fassent de l'Europe un foyer autonome de création industrielle et technologique c'est évidemment faire un pari qui est loin d'être gagné d'avance. Mais s'il est gagné, il nous permettra de bénéficier directement, pour nous-mêmes, de deux sources principales de la richesse moderne: 1°: l'innovation technologique. — 2°: la combinaison intelligente des facteurs de production qui est le propre de l'entreprise avancée.

Les gouvernements de l'Europe n'ont pas jusqu'à présent choisi la voie de ce redressement. Ils ne s'en sont pas donné les moyens. Et la domination de l'industrie et de la science américaines continue de progresser.

Il y a là quelque chose qui ne pourra pas se prolonger éternellement. Le moindre risque n'est pas celui d'une réaction violente et sommaire qui interviendrait par exemple sous forme d'une nouvelle volonté politique: « nationalisons donc les entreprises américaines installées chez nous ».

Supposons qu'un gouvernement veuille « nationaliser » IBM France qui possède plusieurs installations industrielles de premier plan et un laboratoire avancé à la Gaude dans les A.-M. Devenu possesseur de ces belles installations, l'État aurait simplement pris la proie pour l'ombre. Puisque ce qui compte, de nos jours, pour une entreprise, ce ne sont ni les murs ni les machines mais des éléments « immatériels » qui, eux, ne se nationalisent pas. De même qu'en biologie la cellule est d'une autre nature que les molécules qui la composent, qu'elle ne se réduit pas à leur addition, de même l'entreprise moderne est un phénomène entièrement différent de la somme des facteurs de production qu'elle associe. En nationalisant IBM, on pousserait ses dirigeants et ses cadres à l'émigration; on reproduirait simplement, dans cette guerre moderne qu'est la guerre industrielle, le « suicide intellectuel », scientifique, et finalement stratégique auquel la politique antisémite d'Hitler condamna l'Allemagne il y a trente ans.

En sens inverse, et c'est la preuve complémentaire, l'Allemagne de 1947 avait perdu la plus grande part des éléments matériels de sa puissance. L'Angleterre, elle, était matériellement presque indemne. Si, vingt ans après, aujourd'hui l'Allemagne industrielle a largement dépassé l'Angleterre, c'est que d'un côté se sont retrouvés ces éléments « immatériels » qui ont fait défaut à l'autre — la capacité et l'organisation nécessaires pour exploiter l'invention.
(463 mots)

J. J. Servan-Schreiber, *Le Défi américain*
© 1967 Éditions Denoël, Paris

19. *Vin: coupages interdits... en principe*

La pratique du coupage n'est, certes, pas sans inconvénients. En facilitant la commercialisation de vins de qualité médiocre

« améliorés » par l'assemblage avec des vins, dits médecins, d'Algérie, elle a longtemps freiné la conversion du vignoble métropolitain vers la production de produits de qualité satisfaisante, en même temps qu'elle favorisait le maintien de la vigne sur des terrains et dans des zones à la vocation viticole très contestable.

Elle n'a pas contribué non plus à l'amélioration des vins courants offerts aux consommateurs. C'est le moins qu'on puisse dire.

L'évolution de la consommation témoigne d'ailleurs de la désaffection de la clientèle pour des vins qui se caractérisent par la constance de leur médiocre qualité. Pour les trois premiers trimestres de la campagne en cours, il s'est vendu 35.681.696 hectolitres, c'est-à-dire moins que pendant la même période des trois dernières campagnes, et, dans ce total, la part des vins à appellation contrôlée est de 4.127.212 hectolitres, chiffre qui n'avait encore jamais été atteint.

Le consommateur se tourne de plus en plus vers les vins de qualité. Les « appellations contrôlées » ne sont, au reste, pas les seules à bénéficier de ce mouvement et certains vins, plus modestes mais fort honnêtes, connaissent un succès croissant.

La prohibition du coupage, qui n'ira pas sans dérogation, car il faut bien ménager une transition, s'inscrit d'ailleurs dans une politique d'ensemble d'amélioration de la qualité des vins français de consommation courante.

Une autre « ordonnance » va, en effet, interdire la chaptalisation, opération qui consiste à relever par l'addition de sucre, la teneur en alcool des vins de trop faible degré.

En même temps, grâce à la formule des « plantations anticipées » les viticulteurs vont pouvoir accélérer la conversion de leurs vignobles, puisqu'ils sont autorisés à planter de nouveaux cépages sans avoir à arracher tout de suite les vignes qui sont destinées à être remplacées.

Le coupage interdit, les vins algériens, comme les autres vins importés, ne pourront être mis en vente sans l'indication de leur pays d'origine et de leur degré alcoolique. Cette mesure sera-t-elle préjudiciable à l'Algérie ? Il ne semble pas, puisque le gouvernement paraît, en tout état de cause, résolu à limiter les importations aux quantités nécessaires pour compléter la production française qui, on le sait, ne couvre pas la totalité des besoins: ainsi, la prochaine récolte est évaluée actuellement à 58,2 millions d'hectolitres alors qu'il en faudra plus de 70 millions.

Les stocks, dus aux achats excessifs à l'étranger des années passées, permettront de combiner une partie du déficit et les importations — suspendues à l'heure actuelle — pourvoiront au reste.

L'interdiction de la chaptalisation du coupage et la limitation des importations vont, certes, obliger bien des producteurs et des négociants à modifier leurs habitudes. Mais, au moment où se prépare le Marché Commun du vin il était indispensable d'en venir à une politique cohérente d'amélioration de la qualité des vins courants.

(467 mots)

Jacques Léger, dans *La Vie Française*, 4 août 1967

20. *L'Europe en crise: y a-t-il une issue?*

Nous sommes au point critique où la Communauté européenne est déjà trop entrée dans les faits et les esprits pour que sa rupture ne soit pas catastrophique, trop peu construite pour qu'elle soit en mesure de résoudre les crises économiques et monétaires d'un de ses partenaires et de résister à une mise en cause de ses moyens et de ses fins. Sa plus grande faiblesse est dans son inachèvement.

A cette situation, il n'y a que deux issues: la rupture ou le progrès. On évoquera sans doute, se fiant aux précédents, la possibilité de compromis acquis de justesse après des « marathons » nocturnes: il arrive un moment où les compromis compromettent plus l'avenir qu'ils ne règlent le présent. Tout arrangement qui ne comporterait aucun progrès de la construction européenne serait provisoire et illusoire. La logique du Marché Commun est celle d'une création continue. C'est par la multiplication des politiques communes et le renforcement des institutions que peuvent être progressivement résolus les problèmes posés aux économies nationales et singulièrement à la France par l'unité de marché. Stopper la construction européenne, c'est réduire l'Europe à l'état de zone de libre échange; c'est, comme Bismarck, faire de l'Europe un *Zollverein*. Construction fragile, car sans politiques communes les inégalités de la concurrence peuvent rendre celle-ci insupportable; sans mécanisme de solidarité, l'excès de chômage ou le déficit de la balance des paiements peuvent contraindre l'un des partenaires à des décisions unilatérales.

Toute stagnation équivaut donc à un pourrissement dans l'impuissance, à une rupture déguisée ou retardée: c'est bien le risque de rupture qu'il faut envisager en face. Il n'est pas imaginaire. A la convergence des menaces répond la sourde coalition des démons familiers de la politique française: démons du nationalisme réveillés depuis dix ans par notre diplomatie, démons du protectionnisme toujours latents dans certains milieux économiques mais rendus plus virulents par les difficultés et les risques de la concurrence, démons de la facilité, facilité du pouvoir solitaire, facilité de rester chez soi par peur du mouvement, de refuser le combat par peur de la lutte. Et nos partenaires fatigués de l'intransigeance française échafaudent désormais des solutions de rechange.

Imaginons un instant que sous ces multiples pressions, aux prises avec ses multiples difficultés, le Marché Commun éclate ou, ce qui revient presque au même, que la France s'en retire. Le retour inévitable au protectionnisme et à l'économie étroitement dirigée aurait des incidences inquiétantes sur l'avenir de la démocratie en France, mais ne règlerait en rien les problèmes de fond de notre économie. Bien au contraire, il les aggraverait en les masquant un moment. On oublie trop facilement que c'est au progrès de l'Europe et particulièrement au Marché Commun qu'est due la véritable révolution économique qui transforme la France depuis quinze ans, après cinquante ans de stagnation. Le Marché Commun a contraint l'économie française au progrès et à l'expansion continue contre les habitudes et les timidités. La concurrence actuelle ou escomptée a stimulé la productivité, la transformation des structures, la modernisation des gestions. Une volonté de progrès, d'imagination, d'innovation anime aujourd'hui de larges couches du pays. Cet élan est lié à l'Europe. Une rupture ruinerait brutalement

43

cet acquis, bloquerait ce mouvement encore insuffisant, et plus que jamais nécessaire.
(498 mots)

Pierre Sudreau, Président du Mouvement Européen,
dans *Le Monde*, 1er avril 1969

21. *Vers l'union économique: la politique industrielle*

L'évolution des différents secteurs industriels est avant tout le résultat de l'action des entreprises. Une orientation satisfaisante suppose donc des entreprises qu'elles sachent s'adapter en temps utile aux changements qui affectent les données du marché. A cet égard, la politique de l'adaptation structurelle des entreprises est une des conditions de l'efficacité de la politique des structures industrielles. Il peut cependant arriver que l'évolution du marché intérieur, ou de la concurrence international, modifie si profondément la situation de tel ou tel secteur d'activité qu'un processus d'adaptation abandonné à lui-même aurait des conséquences économiques ou sociales regrettables, d'un point de vue général ou régional.

Aussi, dans tous les pays de la Communauté, les pouvoirs publics ont-ils pris une part importante dans la détermination de l'orientation et du rythme des processus d'adaptation des secteurs les plus fortement affectés par les modifications de la demande et l'accentuation de la concurrence sur les marchés intérieur et mondial. Ils ne peuvent pas non plus se désintéresser des problèmes que pose le développement des secteurs essentiels à l'avenir de l'économie européenne. C'est ainsi que la nécessité peut se manifester de stimuler de nouveaux secteurs ou de nouvelles productions dont l'importance est déterminante pour la croissance globale à moyen terme, et dont le développement est trop coûteux, ou trop aléatoire pour que les entreprises privées puissent s'engager sans soutien dans des actions d'avant-garde. La mise au point de réacteurs nucléaires ou la recherche spatiale constituent à cet égard des cas typiques.

Mais, pour cette action des pouvoirs publics, il ne faut pas perdre de vue que le processus d'intégration économique au sein du Marché Commun rend de plus en plus évidente la nécessité d'une harmonisation des politiques de structure sectorielles des pays membres. Les problèmes avec lesquels certains secteurs sont aux prises tendent, en effet, à devenir de plus en plus semblables dans tous les pays de la Communauté, qu'il s'agisse des secteurs qui ont à faire face à des difficultés d'adaptation, plus ou moins générales, comme l'industrie charbonnière, la sidérurgie, la construction navale, certaines fabrications métalliques, le textile ou l'industrie du papier, ou des secteurs de croissance typiques comme l'industrie atomique, l'industrie électronique ou la construction aéronautique.

Dès lors, ces problèmes, qui se seraient posés en tout état de cause, même sans l'existence du Marché Commun, pourront trouver plus facilement une solution dans un cadre plus vaste, grâce à des actions communes visant à la fois à stimuler le dynamisme de l'économie et à assurer les mutations indispensables devenues nécessaires pour certains secteurs.
(510 mots)

Les Documents Communauté Européenne: de l'Union
douanière à l'Union économique;
L'Étape du 1er juillet 1968

22. *Vers une politique commune de l'emploi*

La libre circulation des travailleurs, la politique commune de formation professionnelle, les interventions du Fonds Social Européen posent les conditions préalables de la réalisation d'une politique de l'emploi et lui offrent des instruments solides. Mais le développement du Marché Commun, l'interdépendance croissante des économies nationales, la nécessité de concilier à l'échelon européen l'expansion et la stabilité, le plein emploi et le développement équilibré des revenus, exigent avec une urgence accrue que soit définie par les « Six » une politique commune de l'emploi.

L'évolution de ces dernières années montre que dans la Communauté Européenne, à côté des problèmes dus à la persistance du chômage dans des zones géographiquement délimitées (Italie méridionale en particulier), les problèmes de l'équilibre de l'emploi et des pénuries de la main-d'œuvre qualifiée sont de plus en plus importants.

En 1970, la Communauté comptera 188 millions d'habitants; sa population active toutefois n'augmentera, par rapport à 1965, que de 1,7 million de travailleurs, chiffre nettement inférieur aux besoins. Toutes les prévisions concordent — si l'on fait abstraction des fluctuations conjoncturelles — pour affirmer que le niveau du chômage atteindra sans doute dans tous les pays des chiffres minimaux qui n'ont jamais été enregistrés jusqu'à présent.

Les solutions

Les mesures proposées pour résoudre les problèmes des déficits permanents de main-d'œuvre qualifiée sont de nature diverse. On peut toutefois les ramener toutes à un unique dénominateur commun: l'utilisation de la meilleure des forces de travail.

Les mesures suggérées par les organes communautaires peuvent être résumées comme suit:

Encourager une politique d'interventions régionales. La solution la meilleure pour rétablir l'équilibre de l'offre et de la demande de travail consiste à engager sur place des forces de travail sans emploi.

Il faut donner la préférence aux investissements et aux initiatives qui créent de nouveaux emplois dans les régions où existent encore des réserves de main-d'œuvre sans travail, plutôt qu'à l'engagement des travailleurs dans des industries éloignées de leur lieu d'origine. D'où l'importance essentielle qu'il y a lieu d'attribuer aux interventions de politique régionale.

La possibilité de se déplacer et de trouver un emploi dans quelque lieu que ce soit du territoire communautaire doit être considérée comme un droit essentiel du travailleur « européen ». Mais au delà de certaines limites, les migrations sont la source non seulement d'inconvénients humains et sociaux, mais aussi de désavantages économiques. Les régions économiquement moins favorisées perdent leurs éléments les plus jeunes et les plus actifs, ce qui compromet leurs possibilités futures d'expansion.

Une des missions essentielles de la Communauté consiste

donc à encourager une distribution meilleure de l'activité économique de façon à intégrer dans le processus de production la main-d'œuvre sans emploi.

Promouvoir la mobilité géographique des travailleurs. En utilisant tous les instruments offerts par la réglementation sur la libre circulation des travailleurs, il faudra favoriser en premier lieu le déplacement de travailleurs habitant dans des zones qui ne présentent pas de possibilités de travail, vers les territoires de la Communauté qui ont le plus besoin de main-d'œuvre.

Améliorer la structure qualitative de la main-d'œuvre communautaire en offrant aux jeunes des possibilités appropriées d'orientation et de formation professionnelles et en promouvant la requalification et le perfectionnement professionnels des adultes.

Faciliter le travail des femmes en éliminant en particulier les obstacles excessifs par lesquels la législation fiscale et les régimes de sécurité sociale freinent l'emploi des femmes mariées.
(531 mots)

Le Marché Commun du travail,
Communauté Européenne, novembre 1967

23. *L'industrie textile européenne*

[A propos d'un rapport du Professeur J. de Bandt sur l'industrie textile de la Communauté Européenne]

L'industrie textile est traditionnellement considérée comme une industrie de main-d'œuvre. En fait le capital dont dispose chaque ouvrier a considérablement augmenté, à tel point qu'on peut parler aujourd'hui de suréquipement. Comment expliquer ces excédents de capacité dans une branche qui devrait être particulièrement attentive à économiser le capital?

Rentes de médiocrité

Il y a d'abord le fait que les fluctuations de la conjoncture textile ne jouent pas sur leur rôle, qui devrait être d'éliminer les entreprises marginales. Celles-ci parviennent à survivre parce que leur matériel démodé est généralement amorti de longue

47

date. « Nous constatons, dit l'auteur, que les pressions plus fortes sur les prix proviennent de ces excédents de capacité travaillant dans des conditions ‹ anormales › ». Ce caractère anormal provient de ce que le matériel amorti n'est plus remplacé dans un certain nombre d'entreprises qui ne font que prolonger leur survie, mais aussi, dans un certain nombre de cas, de ce que les salaires et les conditions de travail sont inférieurs à la moyenne.

Mais cette frange d'entreprises rescapées, qui tirent des pouvoirs publics et des banques les moyens de leur survie, constitue une sorte de couche protectrice pour les autres. Si, en effet, la rentabilité moyenne des entreprises textiles est très faible, la dispersion autour de cette moyenne est très large, ce qui signifie qu'un certain nombre de firmes bénéficient de rentes différentielles par rapport à la médiocrité générale.

L'autofinancement fausse les calculs

On note d'autre part que l'endettement à long terme des entreprises textiles est très faible. Celles-ci, en effet, parce qu'elles présentent une surface financière et des garanties insuffisantes, ont difficilement accès au marché des capitaux. Cette autonomie financière des entreprises textiles présente un autre inconvénient : elle leur permet d'obtenir de trop grandes facilités de crédits à court terme, lesquelles, à leur tour, les rendent moins vigilantes quant à la gestion de leurs stocks.

Trop de capital, trop de stocks. La racine du mal, l'auteur la trouve dans le morcellement et la discontinuité des processus de fabrication, la petitesse des séries. Assurément, il faut mettre à part un certain nombre de produits, pour lesquels la petite série fait en quelque sorte la valeur. Mais l'importance de cette frange dépasse rarement 10 à 15% de l'ensemble. Les industriels mettent ici en cause la mode. Et il est incontestable que cette dernière — dont on attend par ailleurs qu'elle stimule la consommation des produits textiles — joue un rôle à cet égard, en ce sens que le consommateur semble de plus en plus sensibilisé par les éléments de diversité et de particularisation dans les produits textiles. Il faut cependant faire la part des choses.

Il y a la diversité des produits offerts à un moment donné, mais il y a aussi la succession dans le temps. Et si cette diversité nécessaire impose des limites évidentes aux possibilités de standardisation, ces limites ne sont pas les mêmes aux divers stades de fabrication. Compte tenu de ces distinctions, il n'est pas douteux que des possibilités de standardisation importantes ne sont pas exploitées. Et ces possibilités ne sont pas exploitées parce que le degré d'intégration est insuffisant.

Pas n'importe quelle concentration

Après cette analyse, diverses solutions s'imposent d'elles-mêmes:
— destruction de l'outillage ancien. Il faut qu'une partie du matériel soit non pas déplacée, mais éliminée. Toutes les études aboutissent à cette impérieuse nécessité. Il faut cependant insister sur le fait que la destruction des machines n'équivaut pas à la destruction de capital, mais au contraire vise à empêcher sa dépréciation:
— concentration, mais pas n'importe laquelle. Les intégrations existantes, estime le rapport, ont été mises en place pour des raisons tenant surtout à la sécurité de l'écoulement et de l'approvisionnement. Il est vrai qu'elles résistent mieux face aux fluctuations de la conjoncture. Mais elles ne semblent pas avoir organisé, sauf exception, une continuité du processus de production, si l'on en juge par la charge de leurs stocks qui paraît proportionnellement encore plus lourde. Or, l'essentiel est justement d'assurer la continuité du processus de production, une utilisation plus intensive du capital. Cette organisation de la production en continu doit en outre permettre, en rapprochant l'amont de l'aval, de réduire la rigidité de l'appareil de production.

(660 mots)

Le Monde (Supplément), 8 avril 1969

24. *Le travail à la chaîne*

La chaîne, en effet, multiplie les équipes de travailleurs solidaires qui effectuent chacune un groupe d'opérations lié à un ensemble, par exemple; dans la mise en place de l'appareillage électrique d'une voiture: évolution particulièrement sensible aux U.S.A., dans les entreprises les mieux organisées. A l'intérieur

de ces petites collectivités dont les membres sont constamment rapprochés les uns des autres, s'attendant réciproquement pour répéter les opérations qui leur sont confiées, des conversations se poursuivent, des liens personnels se nouent et, pourvu que le climat psychologique de l'équipe soit bon, naît une certaine vie sociale qui vient nuancer les heures de travaux jugés « monotones » au regard de l'observateur externe. Grâce à ce caractère de sociabilité, et contrairement à sa réputation, le travail à la chaîne peut être le moins désagréable des travaux « médullaires » et réflexes de la grande série: il l'est certainement beaucoup moins dans ces conditions que les tâches du même genre effectuées par les opérateurs solitaires sur une machine individuelle, où fait défaut toute conversation, où rien ne vient colorer l'accumulation de pièces identiques qui se présentent par centaines, par milliers au cours des huit (ou neuf) heures de la journée, comme c'est le cas de certains travaux de presses, de perçage, de décolletage dans les fabrications semi-automatiques de précision. La chaîne de montage de la voiture Plymouth, chez Chrysler, m'a paru en ce sens une des plus remarquables par son espacement et son caractère « social ». Dans de tels ateliers, il n'est pas rare de voir des jeunes femmes propres et même discrètement élégantes dans leurs vêtements de travail, toujours gantées, et qui paraissent suivre le rythme sans désagrément ni difficulté.
(272 mots)

Georges Friedmann, *Où va le travail humain?*
© Éditions Gallimard

25. *La prévision des besoins de main-d'œuvre*

Peut-on prévoir les besoins en main-d'œuvre des entreprises? Les spécialistes s'accordent pour reconnaître que cela n'est pas encore possible et qu'il faudra des efforts coûteux pour améliorer sensiblement les choses. Cela tient à la rareté des informations appropriées, mais aussi à l'ambiguïté de la notion de besoins. On a trop tendance à raisonner pour le moyen ou le long terme par analogie avec ce qui se passe dans le court terme. Lorsqu'un employeur cherche à faire occuper des emplois vacants, il a généralement beaucoup de peine à modifier le profil de ces emplois pour les adapter à la main-d'œuvre qu'il trouve. Toute l'inertie des structures s'impose à lui. Mais plus la période envisagée est longue et plus les possibilités d'adaptation grandissent.

L'analyse des causes de l'évolution des besoins montre de façon définitive que bien d'autres variables interviennent: la taille de l'entreprise, la nature de la production, l'organisation. On découvre que l'évolution des besoins en hommes dépend des transformations de tous ordres qui affecteront chaque branche d'activité.

Pour prévoir les besoins, il faut donc être capable de décrire les divers aspects futurs de chaque branche. La prévision de l'emploi n'est pas indépendante des autres prévisions. En ce sens, les besoins d'emploi seront ce qu'on voudra qu'ils soient. On comprend mieux ce qu'il y a d'ambigu à demander aux entreprises quels seront leurs besoins futurs. En effet, on borne alors l'évolution possible, parce qu'il est peu probable que les entreprises existantes décrivent un futur où elles ne seraient plus puisque supplantées par des concurrents dont les structures seraient très différentes.

On est donc amené à décrire les divers types d'évolution possibles, à préciser les conditions de chacun d'entre eux et à faire un choix quant au plus probable ou au plus souhaitable. Choix politique au sens fort du mot.

La seconde difficulté vient du manque de correspondance entre les formations et les emplois. Au temps où les métiers étaient unitaires et où l'apprentissage se faisait pour une large part sur le tas, la question n'avait guère d'importance. Mais nous avons aujourd'hui des milliers d'appellations différentes, qui correspondent à des emplois distincts le plus souvent.
(340 mots)

J. Vincens, dans *Le Monde*, 11 mars 1969

26. *La protection des métaux contre la corrosion*

L'espoir de tout industriel utilisant pour ses fabrications des métaux ferreux et non-ferreux, est d'arriver un jour à donner à ses productions une garantie pratiquement absolue contre la corrosion. Or, ce ne sont pas les recherches entreprises dans ce sens qui ont manqué.

Bien plus, la mise au point de techniques nouvelles a fait progresser très loin ces mêmes recherches.

Ces techniques, ce sont, par exemple, l'utilisation de températures de plus en plus élevées dans les turbines à gaz ou les installations de l'industrie pétrolière. Ce sont aussi les techniques du domaine nucléaire et spatial amenant des exigences de plus en plus sévères aux matériaux de sorte que leur comportement à l'égard de la corrosion change considérablement. On voit ainsi des matériaux travailler avec l'hélium liquide à des températures extrêmement basses ou au contraire à des températures très élevées telles que celles que rencontrent les engins rentrant dans l'atmosphère. Ce sont encore des techniques qui font appel à des procédés chimiques dont les effets corrosifs sont particulièrement sévères. Citons ainsi l'acide nitrique chaud à forte concentration utilisé pour la dissolution des éléments combustibles irradiés dans les usines de retraitement de combustibles nucléaires ; l'hexafluorure d'uranium, gaz très corrosif, utilisé pour les méthodes industrielles de production de l'uranium enrichi en U-235.

Si l'on considère en outre que l'anticorrosion est devenue un phénomène économique avec lequel il faut compter dans la détermination de nombreux prix de revient, on comprend l'importance de la recherche engagée dans ce sens. Le traitement des surfaces des matériaux exposés à la corrosion — dépôt d'une couche protectrice, méthodes électrochimiques, adjonction d'un inhibiteur de corrosion à l'agent corrosif — est devenu une véritable science. La lutte contre la corrosion n'est pas un luxe réservé à quelques entreprises voulant présenter des produits particulièrement soignés, mais une nécessité économique.

Ainsi, sous l'influence de ces différents facteurs, l'anticorrosion est devenue un sujet de recherches et de mises au point de nouvelles techniques et on a dû constater que la corrosion elle-même était bien moins connue qu'on aurait pu le supposer dans un domaine qui ne fait appel ni à la structure de l'atome, ni à l'électronique et bien moins encore, à la connaissance de la cellule vivante.

(359 mots)

Nord Industriel, 28 avril 1967

27. *Le raffinage des produits pétroliers*

Le pétrole brut subit d'abord une distillation sous la pression atmosphérique, au cours de laquelle seront soutirés :

— les gaz difficilement condensables, souvent utilisés sur place comme combustibles,

— le propane et le butane, ultérieurement séparés par distillation sous pression,

— les distillats légers destinés primitivement à la constitution des carburants et des solvants pétroliers spéciaux et à présent utilisés de plus en plus comme bases pour l'industrie chimique,

— le naphta qui pourra subir deux traitements :

soit un « reforming » catalytique transformant une grande partie des hydrocarbures en composés aromatiques en vue d'améliorer ses qualités de carburant pour moteur automobile ou d'en faire une base pour la production du benzène, toluène, xylène et autres solvants ;

soit un « cracking » thermique qui le soumet à une chauffe à 700° pendant un temps très court, en présence de vapeur d'eau destinée à abaisser la pression partielle des hydrocarbures et qui le transforme en hydrogène, méthane, éthylène, propylène et autres matières premières pour l'industrie chimique.

— le pétrole lampant, ou kérosène utilisé comme combustible pour avion à réaction, sous le nom de carburéacteur, dont il existe diverses variétés,

— le gas-oil, combustible des moteurs Diesel, qui subira éventuellement une désulfuration catalytique.

Le résidu de cette distillation atmosphérique est soit utilisé comme fuel, soit distillé sous vide pour donner plusieurs coupes huileuses, de viscosités croissantes.

Les coupes huileuses sont débarrassées des composants indésirables, et notamment des aromatiques qui les rendent inaptes à la lubrification, par traitement à contre-courant avec un solvant sélectif (furfural, phénol, etc.). Les composés aromatiques ou extraits ainsi séparés des lubrifiants reçoivent diverses applications dans les industries du caoutchouc, des matières plastiques, des encres d'imprimerie, etc...

A la sortie de l'unité de raffinage, les coupes huileuses sont déparaffinées, opération au cours de laquelle on sépare la paraffine solide des huiles de base destinées généralement à la lubrification. Ces paraffines trouvent d'ailleurs différents débouchés dans l'industrie chimique, en particulier grâce au cracking ou à la chloration.

Ce schéma de raffinage est très superficiel, ainsi par exemple il ne mentionne pas les traitements subis par les solvants pétroliers. Il comporte par contre le « steam cracking » et la séparation des hydrocarbures aromatiques qui n'existent que dans quelques raffineries. Nous les avons cités justement parce qu'ils représentent le débit des opérations majeures de la pétroléochimie.

(366 mots)

Nord Industriel, décembre 1966

28. *Un nouveau pas dans la miniaturisation de l'électronique: le super-circuit intégré: le « L.S.I. »*

L'histoire de la micro-électronique ces vingt dernières années montre que les spécialistes ont poursuivi simultanément quatre buts: réduire la taille des composants électriques, augmenter leur sûreté de fonctionnement, accroître la vitesse de fonctionnement des circuits et diminuer le coût des éléments des circuits. Les nouvelles techniques d'intégration à moyenne échelle — M.S.I. (middle scale integration) — et à grande échelle — L.S.I. (large scale integration) — auxquelles travaillent désormais la plupart des firmes d'outre-Atlantique et aussi certaines des firmes européennes comme Ferranti en Grande-Bretagne ou la Radiotechnique en France représentent l'aboutissement de ces tendances. Cette intégration toujours plus poussée des éléments et des circuits ne constitue donc pas une révolution soudaine, mais bien plutôt une évolution permanente.

Pour être mis en œuvre, deux solutions seulement sont possibles.

Ou bien il faut fabriquer des plaquettes de circuits intégrés, sur lesquelles tous les circuits soient bons, et poser des interconnexions très minces qui n'occupent que le minimum de surface nécessaire. Or, actuellement, une quantité non négligeable de circuits par plaquette sont inutilisables (pour les transistors, le rendement actuel est de 80 à 90%) et les interconnexions métalliques ont encore une largeur d'une vingtaine de microns (un micron est un millième de millimètre). Il serait possible de ne fabriquer sur chaque plaquette qu'un nombre réduit de circuits afin qu'ils soient tous utilisables. C'est vers cette solution que s'orientent plusieurs firmes américaines, dont R.C.A. par exemple.

Ou bien on fabrique un grand nombre de circuits par plaquette et, après avoir marqué ceux qui sont impropres à l'utilisation, on fait programmer par un calculateur les dessins d'interconnexions qui ne permettront de relier que les bons circuits. Dans ce cas, pour assurer toutes les connexions, la plaquette de semi-conducteur ne suffit pas. Il faut prévoir deux (ou même davantage) couches de circuits métalliques d'interconnexions séparées par une mince couche isolante, mais reliées grâce à des ouvertures pratiquées dans cette couche isolante. C'est la technique d'interconnexion multicouche. La firme américaine Texas Instruments met actuellement au point cette technique d'interconnexion multicouche programmée.

Ces deux solutions au problème d'une intégration à grande échelle ne sont étudiées qu'expérimentalement, sans être encore utilisées commercialement. Ceci explique qu'aujourd'hui le nom de « L.S.I. » soit donné à toutes sortes de solutions de remplacement, qui tendent cependant à préparer la venue des véritables techniques d'intégration à grande échelle.
(380 mots)

Le Monde, 16 mai 1968

29. *La commercialisation des produits chimiques*

Le Commerce de Gros des Produits Chimiques est essentiellement un commerce de « Biens de Production », c'est-à-dire un rouage indispensable entre le créateur d'une matière première et l'utilisateur de cette même matière première; cette définition permet immédiatement de supposer que la clientèle du Commerce Chimique est principalement constituée par les établissements industriels; le Commerce de Détail ne représente que 5% environ de son chiffre d'affaires.

A l'inverse du producteur qui reste obligatoirement confiné à l'intérieur de son programme de fabrication et se limite à un nombre restreint de produits, le Commerce de Gros peut difficilement recourir à la spécialisation car il trouve sur son territoire d'intervention une gamme très diversifiée d'industries utilisatrices.

Chaque fois qu'un utilisateur achète ses produits chimiques par tonnages importants, son intérêt est de s'adresser aux producteurs mais, si la verrerie s'approvisionne aux soudières pour ses besoins en carbonate de soude, si les textiles artificiels reçoivent leur acide sulfurique des usines productrices, il n'en reste pas moins vrai que ces deux industries auront recours au commerce chimique pour obtenir les nombreux produits qu'elles utilisent par quantités moins importantes.

Les surfaces devant être réservées aux fabrications, les capitaux aux éléments productifs, il est inconcevable qu'un industriel achète 10 tonnes de dix produits différents lorsqu'ils sont utilisés à la cadence de 1.000 kg/mois.

L'intérêt de la clientèle pourrait justifier la spécialisation du Commerce Chimique mais l'évolution que nous avons connue au cours des vingt dernières années a démontré que, pour survivre, il devait abandonner toute idée de spécialisation trop poussée. Il était tenu d'adopter une politique souple qui suive la transformation industrielle découlant de la disparition progressive de certaines industries et leur remplacement par des entreprises aux techniques évoluées qui trouvaient dans le Commerce Chimique des sources certaines et rapides d'approvisionnement.

Il entre d'ailleurs dans les attributions du Commerce Chimique de subir l'évolution résultant de la diversification incessante de la vie économique et, même, de provoquer l'apparition sur le marché de nouveaux produits qui répondent à des techniques nouvelles.

Ces premières considérations nous conduisent à étudier les moyens qui seront mis en œuvre pour réaliser la synthèse des buts fondamentaux de l'entreprise: la satisfaction de la clientèle, la survie, l'expansion, la rentabilité.

Répondre à ces options, c'est retenir les critères suivants:
— investir pour créer et mieux servir,
— organiser pour être efficace,
— adapter pour bénéficier de l'expansion,
— prévoir pour servir l'évolution.
(392 mots)

W. Baudart, dans *Nord Industriel*, décembre 1966

30. *L'auto-commutateur 2750: l'ordinateur au téléphone*

Pour se prêter à la télé-informatique, le matériel téléphonique doit élargir son champ d'action dans deux directions: il doit étendre la notion d'abonné à tous les matériels de traitement automatique de l'information, et il lui faut se prêter à la transmission non seulement de la voix mais aussi des données.

C'est ce que se propose l'auto-commutateur 2750, que le centre de recherche d'I.B.M. spécialisé dans la télé-informatique — il est situé en France, près de Nice, à la Gaude — vient de mettre au point après en avoir entrepris l'étude en 1964.

Un auto-commutateur assure l'interconnection des diverses lignes téléphoniques reliées entre elles d'une part et avec le réseau d'autre part. C'est donc un central téléphonique automatique. Construit par l'industrie du téléphone, il est équipé de dispositifs électromécaniques — le système «cross-bar». Réalisé par une firme spécialisée dans les ordinateurs, il utilise une technologie directement inspirée de celle mise en œuvre dans les calculateurs — en l'occurrence des circuits intégrés disposés sur des micromodules — et il présente une souplesse d'emploi analogue à celle des machines de l'informatique.

Par exemple, dans le cas d'un auto-commutateur à dispositif électromécanique, tout changement dans l'organisation d'un réseau téléphonique intérieur — un transfert de poste par exemple — exige l'intervention d'un spécialiste. Au contraire, avec une technologie d'ordinateur, ce changement s'opère moyennant envoi d'une instruction simple à la machine: quelques touches à frapper sur le pupitre de commande. Une manipulation semblable permet de modifier l'usage que l'on peut faire d'un poste, par exemple lui ouvrir l'accès au réseau, alors que précédemment il n'était utilisable qu'à des communications intérieures.

Même en offrant bien d'autres facilités — indication d'un appel survenant au cours d'une conversation, transfert automatique, conférence à trois, etc. — le 2750 resterait dans les limites d'un auto-commutateur conventionnel s'il n'était conçu pour autoriser des liaisons entre les divers postes d'un réseau intérieur et un ordinateur. Simple appareil à cadran ou muni d'un dispositif à touches, chaque récepteur devient, tout en assurant sa fonction téléphonique normale, un des « terminaux » reliés au système d'informatique de l'entreprise : il est capable d'adresser une information à ce système et d'en recevoir un renseignement, à la condition bien entendu que le titulaire du poste soit habilité à le demander et qu'il dispose d'un terminal spécialisé par le truchement duquel la machine puisse lui répondre.

En bref, s'il offre, mais en mieux, les services d'un central conventionnel moderne, le 2750 constitue surtout un de ces matériels nouveaux qui se proposent d'assurer, au sein d'une entreprise, des rapports plus étroits, sinon plus confiants, entre le système de gestion automatique et ses divers usagers.

(420 mots)

Le Monde, 10 avril 1969

31. *Les jeunes chefs d'entreprise réussissent en soignant la publicité de leurs produits*

Les défis lancés à l'industriel par l'isolement et l'éloignement des marchés de consommation sont-ils donc insurmontables ? Il y a pourtant des chefs d'entreprise qui n'ont pas cru nécessaire de se déraciner de leur terroir pour se hisser au premier rang national sinon mondial dans leur branche d'activité.

Une démonstration en est fournie par les petits-fils d'un rétameur ambulant qui avait définitivement arrêté sa roulotte à l'ombre des toits de Selongey. Ces hommes, les frères Lescure, ont rebâti une entreprise, la société d'emboutissage de Bourgogne, qui est le premier producteur et le premier exportateur mondial d'autocuiseurs appelés vulgairement cocottes-minute. Cette affaire-là ne trouve sur place ni même à proximité les matières premières — 6.000 tonnes d'aluminium notamment — ni les débouchés qui devraient, en bonne logique, justifier son installation. Sur place, il y a des hommes et des femmes — une main-d'œuvre de huit cent cinquante personnes — peu perméables aux ondes de choc qui parcourent la classe ouvrière française, sans doute parce qu'ils sont non seulement correctement rémunérés, mais aussi et surtout convenablement traités. Sur place, il y a les patrons — et cela suffit pour faire, n'importe où, de la bonne industrie.

Le secret du succès? Les petits-fils ne sont pas entrés les premiers sur le marché de l'autocuiseur. Ils y sont arrivés quatre ans après la concurrence. Mais aux quarante modèles plus ou moins explosifs existant alors ils ont substitué le leur, dont on pouvait se servir en toute sécurité, « sans avoir besoin de se confesser avant ». En une dizaine d'années ils ont conquis le marché avec une marmite sûre, des prix avantageux assurés grâce à la grande série, des débouchés suffisants pour l'absorber grâce à une publicité intense, agressive, mobilisant au besoin la cocarde et le bonnet phrygien. La démarche n'est pas différente dans son principe de celle d'une autre entreprise qui s'est imposée dans un domaine connexe des appareils de cuisine, M. Mantelet, de Moulinex.

Les frères Lescure, cependant, ne se lancent qu'à pas comptés dans la diversification des produits, dont on rabâche qu'elle est le « *nec plus ultra* » de l'activité industrielle. Les trois cents articles de ferblanterie de jadis ont été ramenés à trois qu'on fignole, qu'on colorie, dont on élargit la gamme. De nouveaux articles, étudiés avec des machines également conçues sur place, au village, et fabriqués avec des machines également conçues sur place, verront bientôt le jour. Ils sont projetés — il fallait y penser — de telle façon que leur expansion aille de pair avec celle des machines à laver la vaisselle, en raison de leur facilité d'entretien. Le chiffre d'affaires (180 millions de francs) devrait augmenter de 35% cette année.

(431 mots)

Le Monde, 22–23 mars 1969

32. L'affrontement technologique avec les États-Unis: quelles sont les solutions?

Avant de mentionner quelques-unes des mesures indispensables, il paraît capital que sur l'ensemble de ce problème une franche collaboration entre les industries française et américaine se crée ou s'amplifie. Il ne peut être question d'opposer des blocs. Il faut qu'entre les firmes s'amorce lorsque ce n'est déjà fait, un dialogue permettant de dégager non des rivalités ruineuses, mais un esprit de coopération dans la Recherche et le Développement, pour le plus grand bien des économies libres de nos deux pays.

Parallèlement, sur le plan français, l'accent doit être mis sur les points suivants:

1. Soutien public à la recherche industrielle:

D'abord accentuer et accélérer le soutien public à la recherche industrielle. Pour atteindre ce but, plusieurs directions doivent être simultanément suivies:

— l'État doit confier aux laboratoires et centres de recherche industriels une part croissante de contrats d'études et de recherche. Rappelons qu'aux États-Unis 80% des recherches sont faites dans les laboratoires industriels contre 50% en France;

— les programmes d'actions concertées qui associent l'Université et l'industrie sur des problèmes précis de recherches fondamentales ou appliquées doivent être accrus en nombre et en crédits;

— l'action d'aide remboursable au développement industriel doit être amplifiée: 2 milliards avaient été recensés comme besoins industriels pour le Vème Plan. En regard, les 600 millions prévus seront tout à fait insuffisants.

2. Liaison Université-Industrie:

L'industrie souhaite que les liaisons entre la recherche fondamentale du C.N.R.S. ou des universités et ses propres centres deviennent plus fécondes. Ce problème est capital, il est l'une des clés non chiffrables des réussites américaines. De grands efforts ont été déployés du côté industriel pour avancer dans cette voie difficile, mais il nous semble que la volonté des pouvoirs publics devrait, dans ce domaine, être mieux marquée. La création en cours de l'Agence Nationale pour la Valorisation de la Recherche (ANVAR) sera, nous le souhaitons, efficace. Mais elle ne doit pas être la seule tentative pour permettre à l'Université de mieux discerner les exigences de notre économie concurrentielle.

3. Prise de conscience plus grande :
Il faut aussi que toutes les industries aient conscience de l'ampleur du problème. Les risques des investissements de recherche, les inconnues des laboratoires sont certaines. Mais la disparition du fait d'insuffisance technique à l'échelle internationale, actuelle ou à terme, est un risque non moins certain.

Il faut enfin que le support sociologique à l'innovation, à la nouveauté se développe dans notre pays. Des progrès ont été faits dans ce domaine qui, bien sûr, heurtent souvent des habitudes traditionnelles. Mais il ne servirait à rien que nos chercheurs fassent des découvertes dans leurs laboratoires si le public (ou les services commerciaux) attendaient pour s'y intéresser qu'elles nous reviennent des autres rives de l'Atlantique.

Tout ce qui précède n'est pas vrai que dans notre pays. Les situations sont, avec des nuances, comparables dans les autres pays de la Communauté.

Aussi, indépendamment de ce que nous pouvons et devons faire à l'intérieur de nos frontières, il est bien évident que la solution du « technical gap » est surtout européenne. Car c'est sur ce seul terrain que peut être atteinte la dimension.
(505 mots)

P. Huvelin, Président du C.N.P.F.,
dans *L'Usine Nouvelle*, numéro spécial de Printemps 1967

33. *Alliages légers et automatisation*

[Un constructeur britannique de machines-outils, Molens Machines, Ltd., annonce la mise en service, à brève échéance, d'un système d'usinage appelé « Système 24 ». Il s'agit d'une espèce de machine-transfert dont chaque poste d'usinage est une machine à commande numérique.]

Il ne suffit pas d'avoir de bonnes machines pour constituer un bon système. Il faut aussi les organiser en une ligne d'usinage où les pièces pourront être convoyées automatiquement de l'une à l'autre, sans perte de précision prohibitive, et dans un ordre variable (suivant le type de pièce, on pourra avoir besoin de telle machine ou de telle autre, et ceci dans un ordre de succession à priori quelconque). On conçoit qu'un tel « dispatching » n'est possible qu'avec l'usage d'un ordinateur. Son prolongement mécanique est un convoyeur équipé pour alimenter automatiquement les machines en pièces et en outils.

Le fonctionnement automatique des pièces sur les différentes machines qui doivent les travailler pose un problème délicat. Il est en effet impensable d'imaginer un système de fonctionnement qui soit assez « intelligent » pour manipuler convenablement des pièces de forme quelconque. Aussi ne manipule-t-on pas réellement les pièces, mais des « palettes » standard sur lesquelles sont montées les pièces à usiner. Ce sont ces palettes (et par conséquent les pièces qui leur sont liées) qui sont fixées automatiquement sur les tables des machines. Dans ces conditions, le cycle d'usinage d'une pièce peut être dirigé sans trop de mal par l'ordinateur qui aiguille les palettes de machine en machine, indique à celles-ci le numéro du travail à faire, et reçoit le signal de fin d'opération qui permet de passer au stade suivant.

Même en utilisant des palettes, le positionnement et le convoyage restent délicats et demandent de nombreuses opérations ; repérage et lecture électronique des numéros de palettes, positionnement automatique des palettes sur table par capteurs électromagnétiques.

On peut d'autre part ajouter à la chaîne des machines actives une machine de contrôle, où les outils sont remplacés par des palpeurs venant vérifier des cotes en fonction d'un programme et de tolérances préétablis. Le calculateur est ainsi averti de tout défaut et en rend compte sur un message imprimé, tout en arrêtant la fabrication. Le calculateur est également averti d'un « défaut machine » survenant en cours d'usinage. Il en rend compte de la même façon à l'équipe d'entretien. Si l'intervention de cette dernière semble devoir se prolonger, il y a intérêt à en

avertir le calculateur, qui prend alors des dispositions en conséquence, s'efforçant de redistribuer le travail au mieux entre les
machines restantes.

Il est pourtant une opération qui n'a pu être rendue automatique: c'est la fixation des pièces sur leurs palettes.

Un poste de fixation est constitué par une table alimentée en
palettes par convoyeur suivant les ordres du calculateur. Un
convoyeur auxiliaire approvisionne simultanément le poste en
pièces brutes et moyens de fixation qui arrivent ensemble dans
un même « container ». Ces containers proviennent d'un centre
de préparation disposant d'une gamme de moyens de fixation
aussi standardisés que possible. Pour éviter les erreurs qui
pourraient néanmoins se produire, on inclut dans le container
une diapositive donnant une vue du montage à réaliser.

Pour toutes les pièces devant être usinées sur toutes leurs
faces, un démontage et un repositionnement s'imposent. Là
encore l'opération est manuelle mais se fait aisément sur une
machine de repositionnement dotée de moyens précis de
repérage et de mesure.

(561 mots)

Le Monde, 20 juin 1968

34. *Les perspectives du textile*

L'industrie textile française est un des secteurs importants de
notre industrie, indispensable à l'équilibre économique et social
du pays. Sa capacité de production lui permet de transformer
chaque année environ 800.000 tonnes de matières textiles, soit
30% de la consommation de la Communauté Économique Européenne. 75% des matières utilisées sont importées. Nos expor-
tations sont largement excédentaires et se développent chaque
année normalement. La valeur annuelle départ usine, hors taxes
de la production, est de l'ordre de 16 milliards de francs actuels
et correspond à 8% de la production industrielle globale
française.

On estime que dans une vingtaine d'années, le nombre des
entreprises textiles sera ramené de 6.000 à 4.000, les effectifs ne

subissant pas de variation notable. Mais pendant ce même temps la consommation doublera.

Pour s'équiper avec un matériel très moderne ou modernisé, l'industrie textile est dans l'obligation d'investir, ce qui lui sera très difficile sans recourir largement à l'emprunt. Il faut espérer que le Comité interprofessionnel de rénovation des structures industrielles et commerciales de l'industrie textile puisse apporter dans l'avenir une aide importante, mais les sommes disponibles sont actuellement trop faibles. La gestion de ce Comité est confiée à la profession; ses actions sont très variées:

— améliorations des structures tendant à une spécialisation plus poussée des fabrications en vue de la production en grande série,

— élimination de capacité de production excédentaire avec riblonnage effectif,

— regroupements de fabrications ou création de services communs,

— promotion des ventes à l'étranger, etc.

Il serait très souhaitable et rentable de développer la recherche technique. La taxe parafiscale pour la recherche pourrait être légèrement augmentée; cela permettrait de recruter à nouveau des chercheurs et de reprendre l'acquisition de matériels scientifiques de laboratoire.

Mais l'industrie textile est soumise périodiquement à des crises (1952–1958/59 et 1964/65). Elle devrait recevoir une aide de l'État, comme cela est le cas aux États-Unis et en Italie, par exemple. La promotion des ventes en France et surtout à l'étranger, devrait recevoir un encouragement officiel beaucoup plus important que celui que le Comité interprofessionnel pourra donner. Les mesures à envisager pourraient être les suivantes:

— renforcement de notre représentation commerciale à l'étranger,

— attribution d'avantages spéciaux aux titulaires de la carte d'exportateur,

— assouplissement des modalités de l'assurance-prospection et de l'assurance-crédit,

— facilités données pour la mobilisation des créances nées de l'exportation,

— les accords commerciaux devraient prévoir l'exportation d'un plus grand nombre d'articles textiles.

Tous ces soutiens donnés à une industrie vitale, occupant environ 500.000 personnes, dont la moitié de personnel féminin, devraient permettre un développement important de notre commerce extérieur, puisque sa balance reposera en 1970, d'après les prévisions du Plan, sur nos industries de transformation et notamment sur l'industrie textile.

(577 mots)

R. Gibrat, dans *L'Usine Nouvelle*,
numéro spécial de Printemps 1967

35. *La S.N.C.F. en 1970: Automatisme et installations de sécurité*

Le chemin de fer offre au développement de l'automatisme un champ d'application privilégié, notamment dans le domaine des installations de sécurité (aiguilles, signaux, etc.): les deux barres d'acier qui lui ont donné son nom et qui, pendant près d'un siècle, n'ont servi qu'au guidage des convois, peuvent aussi transmettre des courants électriques de toute nature et, à travers ceux-ci, des informations et des ordres. Cet échange d'informations et d'ordres peut s'effectuer sans intervention humaine, donc sans risque d'erreurs: le service ferroviaire y gagne à la fois en productivité et en qualité. A coup sûr, l'une des chances du chemin de fer dans la compétition actuelle des différents modes de transport est son aptitude à une automatisation presque illimitée; les techniques actuelles permettent dès maintenant de concevoir une exploitation totalement automatique du réseau ferré mais les investissements nécessités par une mutation aussi profonde ne peuvent être réalisés qu'à un rythme raisonnable, en commençant par ceux dont la rentabilité est la mieux assurée et la plus immédiate. Dans le budget d'équipement pour 1970, en installations fixes (sauf l'électrification) l'investissement dans l'automatisme représente 43% des crédits de paiement consacrés à la modernisation de l'infrastructure.

(191 mots)

S.N.C.F., Service des Relations Extérieures
et de la Presse, décembre 1969

36. *La S.N.C.F. en 1970: La gestion centralisée du trafic des marchandises*

Cette gestion est d'une grande complexité puisqu'elle met en jeu un parc de 350 000 wagons dont 50 000 sont chargés chaque jour sur un réseau comprenant 6 000 points de chargement. Elle comporte des aspects techniques (acheminements en charge et à vide, entretien du parc de wagons) et des aspects commerciaux et comptables (calcul des taxes de transport, comptabilisation des recettes, établissement de statistiques). C'est pourquoi la S.N.C.F. s'applique depuis quelques années à centraliser cette gestion, en plusieurs étapes:

— *la 1ère phase*, réalisée depuis plusieurs années, a consisté surtout à établir, en temps différés, les statistiques des wagons chargés.

— *la 2ème phase* est en cours. Elle concerne essentiellement les problèmes d'ordre commercial (comptabilité et statistiques), d'échanges aux frontières avec les réseaux étrangers, de gestion du parc (inventaire, prévisions de réparations). L'année 1969 a vu la mise en œuvre de cette phase; 1970 sera une année de consolidation des résultats acquis.

— *la 3ème phase* concerne essentiellement les problèmes d'acheminement des wagons, du contrôle de leur séjour aux gares d'escale, de leur répartition après déchargement, toute cette gestion étant effectuée à distance mais en « temps réel », c'est-à-dire au moment où les problèmes se présentent. Sur l'arrondissement de Bordeaux, un certain nombre de ces problèmes sont déjà traités électroniquement avec transmission des données jusqu'à Paris et transmission des ordres de Paris à Bordeaux: il ne s'agit là, pour le moment, que d'une expérience portant surtout sur le triage d'Hourcade (au Sud de Bordeaux). En 1970 cette expérimentation va être étendue à deux autres triages, Toulouse-St-Jory et Nantes. Ces trois triages permettront de constituer une sorte de micro-réseau où tous les problèmes de la 3ème phase seront étudiés et traités.

La location électronique des places

Elle a été expérimentée pendant deux ans sur la Région Nord.

Son application à l'ensemble du réseau nécessite l'implantation de quelque 500 terminaux reliés aux concentrateurs et à l'unité centrale. La mise en place de cet équipement commencera en 1972 et ce système de location sera généralisé en 1973. On peut en attendre une sensible amélioration de ce service (élimination des risques de double location, réponse en moins d'une minute, possibilité de rechercher des variantes si la demande ne peut être satisfaite telle qu'elle est présentée). Le voyageur pourra retenir sa place (y compris pour le trajet retour) dans un délai compris entre deux mois et quatre heures avant le départ des trains et pourra en outre obtenir la délivrance simultanée du billet et du ticket de restauration.

(392 mots)

S.N.C.F., Service des Relations Extérieures
et de la Presse, décembre 1969

37. *L'homme et l'Espace. Chercher la vie*

Sur Mars, l'humanité va d'abord chercher la vie. Et cette entreprise constitue sans doute l'une des plus fascinantes aventures de toute son histoire. L'Académie des Sciences américaines a recommandé que priorité soit donnée à cette opération. Ce n'est pas sans raison.

Sans doute, la vie martienne se limiterait-elle — pour autant qu'elle existe — à des formes biologiques très inférieures, n'ayant rien à voir avec les Martiens de la science-fiction. Mais il importe peu que des êtres martiens aient vingt bras, trois yeux et la peau verte, le problème n'est pas là. Ne trouverait-on sur Mars que des êtres microscopiques, des organismes très élémentaires, nous aurions la réponse à une interrogation capitale. Expliquons-nous.

Les recherches sur la vie et son origine ont fait de grands progrès depuis une vingtaine d'années. Beaucoup de savants en viennent à l'idée qu'elle est le produit naturel et inévitable d'une très longue évolution chimique. Lorsque certaines conditions sont réunies, la matière aurait tendance à s'organiser spontanément en des systèmes de plus en plus complexes, de plus en plus ordonnés. Or la vie n'est sans doute pas autre chose qu'un comble d'organisation. La matière inanimée est soit complètement désorganisée, soit organisée en cristaux selon un schéma très simple. Au contraire, la matière vivante se compose d'atomes assemblés dans un ordre aussi complexe, aussi rigoureux que les lettres dans un livre. Comment la matière minérale peut-elle se structurer ainsi jusqu'à atteindre le vivant ? Une chose est certaine pour tous, cela n'est possible que sur une très longue période. Il faut probablement des centaines de millions d'années pour passer de l'inanimé à l'animé. Or ces durées ne se simulent pas en laboratoire.

Les biologistes peuvent imaginer certains processus, ils peuvent tenter d'en recréer certaines étapes, mais il leur est impossible de reproduire les phénomènes naturels dans leur continuité. L'échelle de durée n'est pas la même. Or voici que la conquête de Mars offre une occasion unique de vérifier ces théories.

De quoi s'agit-il ? Il faut s'assurer qu'eu égard aux conditions particulières du milieu martien, le processus qui a conduit à la vie sur terre s'est bien enclenché sur cette planète. Il se peut que cette évolution ait été ralentie ou interrompue par la présence d'un milieu hostile. Qu'importe ! Il suffirait de constater que cette montée vers le vivant s'est bien amorcée sur un autre monde. Si nous avions cette preuve, nous saurions que la vie est un phénomène inévitable et déterminé, qu'elle apparaît nécessairement quand un certain nombre de conditions favorables sont réunies. Or notre Galaxie compte, à elle seule, 200 milliards d'étoiles. Tous les espoirs sont donc permis. Si l'on découvrait la moindre amorce biologique sur Mars, une sorte de virus, une cellule primitive fossilisée, nous saurions que la vie se loge dans tous les berceaux que lui offre l'univers. Un microbe martien nous révèlerait une multitude de mondes habités, il ferait perdre à la vie terrestre tout caractère exceptionnel.

En étudiant cette vie, si primitive soit-elle, il serait possible de savoir si son organisation biologique au stade moléculaire — celui qui importe le plus — est bien semblable à la nôtre. Il n'est pas besoin de contempler des milliers d'êtres pour découvrir les principaux mystères de la vie. L'essentiel se trouve inscrit dans la moindre cellule.

(584 mots)

François de Closets, *Espace, Terre des Hommes*,
Tchou, Éditeur, 1969

38. *Des années laborieuses*

Le visage futur de Marseille, la géographie de l'an 2000, le nouveau système de transports en commun, seuls quelques Marseillais les connaissent. Le chauffeur de taxi, le pêcheur du Vieux-Port, le docker, n'ont jamais entendu parler de l'OREAM et ignorent que quelques fonctionnaires « parachutés » de Paris préparent depuis plusieurs mois un schéma d'aménagement, qui sera la charte du développement de leur ville et de la région. Quelques initiatives, comme l'Opération 2000, essayent d'intéresser la population aux travaux d'urbanisme et de lui faire comprendre que le « remodelage » de la ville est son affaire : des groupes de travail actifs sont mis en place, où chacun apporte son opinion et sa compétence. Il y a un peu plus d'un an, un référendum organisé par les animateurs de l'Opération 2000 avait fait apparaître que neuf Marseillais sur dix étaient prêts à faire personnellement un effort financier pour que leur ville soit mieux aménagée à l'avenir. La participation directe à la gestion municipale n'est sans doute pas chose aisée dans une grande cité. Mais, ne serait-il pas illusoire et dangereux de vouloir faire le bonheur des citoyens malgré eux ou sans eux ?

Une métropole régionale n'est pas digne de ce nom si elle n'a, pour reprendre une boutade de M. Delouvrier, « qu'un aéroport international et des boîtes de nuit ». Marseille le sait bien. Il faut que la métropole ait elle-même suffisamment de dynamisme pour entraîner toute la région dont elle a la charge et offrir à ses habitants les attraits propres d'une capitale. Une ville anémiée et brouillonne ne peut, à coup sûr, être un pôle créateur de richesses.

Ce sont des années laborieuses qui attendent Marseille si elle veut sortir rapidement du marasme et se préparer aux tâches et aux responsabilités d'une capitale.

(288 mots)

Le Monde (*Supplément*), 18 mars 1969

39. Le littoral français est encore aux trois quarts inoccupé: la difficulté, c'est de savoir le « remplir »

« C'est notre vingt-deuxième région », disait récemment le ministre du Plan et de l'Aménagement du Territoire. Il parlait de la mer. Plus précisément, de l'« espace marin », c'est-à-dire de l'eau et de la terre qui la borde. Cet espace est la proie d'une compétition croissante. Au tourisme, qui a toujours fait des côtes son débouché naturel, viennent s'ajouter, parfois se superposer, les implantations industrielles: le pétrole est moins cher lorsqu'il est traité dans des raffineries portuaires, les centrales électriques trouvent dans la mer une réserve de froid, les usines chimiques, les centrales nucléaires s'installent de plus en plus sur le littoral. Ainsi voit-on surgir le complexe industriel de Dunkerque, ainsi naît Fos-sur-Mer, près de Marseille.

A la pêche, à l'ostréiculture, activités traditionnelles, vont s'ajouter la culture des algues et des flores marines, ce qui constituera une véritable agriculture de la mer. Quand une entreprise se décentralise, où peut-elle s'installer mieux qu'auprès des plages? L'urbanisation, on le prévoit, se fera de plus en plus en front de mer, le large apportant cet espace, cette « charge vitale » qui manque tant aux villes de plaine. Le Nord le sait bien, qui tente de retenir ses cadres en offrant au bassin industriel de Lille–Valenciennes–Lens une façade maritime de loisirs.

Nos côtes sont donc l'objet de convoitises qui justifient toutes les inquiétudes. La Côte d'Azur, qui a donné à la région de Provence la plus forte croissance démographique de ces dernières années, montre à quel gâchis aboutit la conjonction du loisir, de l'habitation permanente, et de l'industrie sur une bande côtière étroite, âprement disputée et urbanisée à grande vitesse et dans le désordre. La France est-elle promise à un avenir japonais, à cette « Mégalopolis océane » que l'architecte Kenzo Tange annonce, pour 1985, entre Tokyo et Osaka, sur un cordon littoral de 550 km qui supporterait une agglomération de 84 millions d'habitants?

(310 mots)

Le Monde, 30–31 mars 1969

40. *Fait-il encore bon vivre sur la Côte?*

Le littoral de la Côte a été dénaturé au cours des années, et si l'on n'y prend garde l'image que le public s'en fait risque à terme de se dégrader. En effet les personnes interrogées au cours d'enquêtes expriment très souvent leur déception devant « cette zone surfaite où tout est aseptisé et organisé », car « sur la Côte d'Azur il y a trop de monde. C'est infernal, pire qu'habiter Paris; c'est trop civilisé ».

Trois raisons essentielles sont à l'origine de cette mécanisation de la Côte d'Azur:

— Tout d'abord en maints endroits le rivage a été approprié par des particuliers, laissant libre l'accès de la mer en des lieux mal commodes et défavorisés. Souvent, la mer n'est même plus visible de terre puisque baraques et villas, restaurants et snack-bars se sont construits entre route et mer à un rythme accéléré. Ensuite la construction sur la Côte n'a pas toujours la qualité suffisante, sans même qu'il soit question de beauté architecturale. La prolifération des habitations de toutes natures a mutilé les paysages car « chacun est venu poser ce que son ambition, son besoin de gain et son mauvais goût lui commandaient »[1].

— La circulation automobile intense a apporté enfin des nuisances extrêmes: il passe en été au pont de l'Aude situé entre Juan les Pins et Cannes 23,5 voitures par minute dans les deux sens, soit une automobile toutes les deux secondes et demie!

La capacité de la Côte est limitée; ses équipements demeurent insuffisants, ses sites sont surpeuplés, et il faudra sans doute désormais que dans le cadre d'un schéma-directeur approprié et rapidement mis en place l'extension de ses possibilités d'accueil se fasse vers l'intérieur en même temps que des mesures seront prises visant au desserrement des surfaces construites sur le littoral. Pour cela il faudra avant tout libérer des terrains, et récemment le ministre de l'équipement a recommandé à la direction locale de l'équipement que trente mille hectares soient mis au plus vite sur le marché et que soit

---

[1] P. Dufournet, urbaniste, dans *Aménagement et Nature*, n° 5, 1967.

accélérée la réalisation des voies de communications nécessaires. La question, là encore, sera essentiellement celle du financement, et elle ne sera pas la plus aisée à résoudre.

(338 mots)

Le Monde, 2 avril 1969

41. *Les loisirs, c'est aussi un problème d'information*

« Phénomène de classe au XIXe siècle, le loisir tend à devenir phénomène de masse au XXème siècle. » Telle est la définition qu'un sociologue nous donne de l'évolution en flèche de cette nouvelle valeur dans notre civilisation depuis cent ans.

Les temps sont révolus où la nécessité de travailler pour vivre accaparait douze à quinze heures par jour. L'ère des techniques a introduit l'organisation rationnelle puis, à certains stades, l'automatisation de l'activité professionnelle ; à la réduction des heures de travail, qui a entraîné une libération de temps et de forces, se sont ajoutés une élévation du salaire et un abaissement du coût de la vie qui ont accru le pouvoir d'achat disponible — ce que les économistes, en se plaçant dans une économie de croissance, ont appelé le « revenu discrétionnaire ».

De tels bouleversements dans les conditions de vie de l'individu devaient affecter les structures mêmes des collectivités. Les prolongements s'étendent à ce point à tous les domaines, social, économique, familial, culturel — ne va-t-on pas jusqu'à parler de l'élaboration d'une « ère des loisirs » — que le loisir semble appelé à devenir non plus un « sous-produit » mais bien un « produit de base » de notre civilisation.

Le thème de ce propos repose sur un paradoxe. En effet, l'activité de loisir est par nature personnelle, désintéressée et librement entreprise. Or, les spécialistes s'accordent à juger que l'ampleur et la diversité des problèmes suscités par cette nouvelle donnée rendent non seulement opportune, mais nécessaire une intervention de l'État. En fait, il ne s'agit pas de tendre vers un dirigisme des loisirs, mais de préparer la place qu'ils seront amenés inéluctablement à occuper dans la société de demain. ...L'homme du XXème siècle est, semble-t-il, essentiellement un « homo oeconomicus ». Pour lui, les loisirs représentent un marché dont les limites ne cessent de reculer. Cette nouvelle forme de consommation absorbe aujourd'hui à elle seule près de 15% du budget familial en France, alors que sa part n'en était en 1950 que de 11,5%. Et le tourisme n'en est que l'un des aspects. Il suffit de dénombrer dans nos villes la proportion de points de vente qui concernent directement les biens et services de loisirs pour avoir une image de la vitalité de cette « industrie ». Les loisirs forment en effet un tout aux incidences multiples : ils sont source d'activité et de travail dans la mesure où les besoins et les désirs qu'ils ont suscités demandent à être satisfaits. Ainsi, revenant dans le circuit économique qui leur a donné naissance, agissent-ils sur lui comme un stimulant.

(412 mots)

M. Bleustein-Blanchet, dans *Les Loisirs et l'État*,
Bulletin École Supérieure de Commerce, Lille, mai 1965

42. *Les paysans dans la société industrielle*

Inculpée de refus d'adaptation aux conditions modernes de production, de délit de surproduction et de gaspillage des deniers de l'État, la paysannerie va avoir, cette semaine, l'occasion de présenter publiquement sa défense. Le congrès de la Fédération Nationale des Syndicats d'Exploitants Agricoles (FNSEA) se propose de méditer sur la place qui doit être accordée à l'activité des champs dans une société moderne de type industriel. En langage clair, il s'agit de déterminer à quel rythme la France, qui compte encore 17% de paysans dans sa population active, doit se rapprocher du modèle britannique, c'est-à-dire d'une économie qui n'emploie plus que 3,5% de sa main-d'œuvre dans l'agriculture et qui pourtant, grâce aux progrès très rapides de la productivité, sera bientôt autosuffisante.

La transformation de l'agriculture pose des problèmes de financement public, d'aménagement du territoire et de création d'emplois qui sont pratiquement insolubles dans des délais brefs. Sachant cela, les pouvoirs publics ont le choix entre deux stratégies. La première consisterait à dire crûment la vérité aux principaux intéressés sur le caractère aléatoire de leur activité. Il ne manque pas de bons esprits pour penser que le chef de l'État aurait dû depuis longtemps déjà mettre son poids personnel dans la balance et poser très clairement à la face du pays que l'industrie est la « locomotive » d'une économie moderne et que, par voie de conséquence, tout doit être mis en œuvre pour favoriser son expansion. Au moins éviterait-on à des millions de jeunes agriculteurs de s'engager dans une pseudo-modernisation.

En fait il ne semble pas que ce grand débat soit pour demain. Le gouvernement a mesuré les conséquences d'un excès de franchise dans la gestion des affaires paysannes. C'est pourquoi tout donne à penser qu'ayant maintenant pris conscience de l'effarante complexité du problème agricole — sous-estimée à l'époque — il opte pour la deuxième stratégie. Faute de pouvoir pratiquer une politique agricole satisfaisante, apte à donner des résultats dans des délais raisonnables et sans compromettre l'équilibre des finances publiques, il pourrait fort bien choisir de renoncer à toute doctrine, se bornant à prendre çà et là quelques mesures pour régler les problèmes les plus urgents. En voulant faire la démonstration qu'il n'était pas possible de ne pas planifier la mutation de l'agriculture, et en révélant quelles sont, selon lui, les conséquences de cette mutation, M. Mansholt n'a-t-il pas découragé toute velléité réformiste à Paris ?
(412 mots)

Le Monde (*Bulletin*), 25 février 1969

43. *La matière grise se paie en dollars*

Comment? De la manière la plus simple. En instruisant à grands frais des savants, des ingénieurs, des techniciens, des médecins, et ensuite, au moment où leur savoir devrait commencer à rapporter à leur pays d'origine, en les laissant partir pour les États-Unis, où ils s'installent.

Ce « brain-drain », comme disent les Anglais, cette rafle des cerveaux, a pris une telle ampleur que les 25 et 26 août dernier des experts de dix pays, dont l'Inde, l'Argentine et l'Éthiopie, se sont réunis, dans la banlieue de Lausanne, pour tenter d'évaluer l'ampleur du phénomène. Les débats ont eu lieu à huis clos, derrière les grilles du petit château de Vidy, qui abrite le Centre des Recherches Européennes. On assure que des conclusions seront publiées ultérieurement. Mais dès maintenant il apparaît que les États-Unis n'ont pas les moyens de renoncer à cette immigration de luxe.

La Part du Lion. Dans les hôpitaux américains, 27% du personnel médical est d'origine étrangère. Pour remplacer ces étrangers par des citoyens des États-Unis, on estime qu'il faudrait fonder trente nouvelles facultés de médecine. Dans les usines américaines, 10% des ingénieurs sont importés, ce qui représente une économie d'un milliard de dollars, selon M. John Boyd, président du Parti Travailliste en Angleterre.

Et le phénomène ne peut que s'accentuer: les États-Unis ont besoin, chaque année, de 75.000 ingénieurs, ils n'en forment que 45.000.

Encore les statistiques ne tiennent-elles pas compte de la qualité des individus. Peut-on chiffrer la valeur d'un prix Nobel? Le quart des prix Nobel attribués à des Américains, entre 1907 et 1961, sont allés à des savants d'origine étrangère. Six lauréats européens ont émigré aux États-Unis après avoir reçu leur prix. A tous les niveaux, ce sont les recherches de pointe, la physique, la chimie, l'électronique, qui se taillent la part du lion dans ce marché des diplômes.

Curieusement, les Américains qui participaient à la conférence de Lausanne à titre privé ont témoigné d'une parfaite bonne conscience. « Si les États-Unis exercent un tel attrait sur les intellectuels du monde entier, ont-ils expliqué, c'est tout simplement parce que nous payons mieux, que nos laboratoires sont mieux équipés, que le niveau de nos recherches est plus élevé. Faites comme nous et vous garderez vos étudiants. Le « brain-drain » est une bonne chose, il vous aide à prendre conscience de votre retard ».

Cœur Serein. Plus étonnant encore, les deux experts français présents, MM. Robert Mossé, professeur à la faculté de Grenoble, et Jacques Houssiaux, professeur à la faculté de Nancy, leur ont donné raison. « L'exode est une bonne chose, puisque nous ne pouvons pas donner à nos savants les moyens de la recherche », dit M. Mossé.

Il est vrai qu'il peut garder le cœur serein: les intellectuels français, casaniers par nature, sont presque seuls à refuser de s'expatrier. Et quand ils consentent à faire un séjour aux États-Unis, ils s'empressent généralement de rentrer chez eux, enrichis de connaissances nouvelles.

(427 mots)

Gérard Bonnot, dans *L'Express*, 4 septembre 1967

44. *Faut-il construire de nouvelles autoroutes et où?*

En 1985 le parc automobile français aura atteint sa capacité maximum : vingt-deux millions de véhicules, soit près du double de ce qu'il est aujourd'hui, selon les estimations de la commission des transports du Vème Plan. A cette date, la circulation aura triplé par rapport à 1965. Pareille augmentation ne peut être absorbée par le réseau routier ordinaire, car elle est mal répartie ; elle se fait sentir davantage sur les axes d'urbanisation, qui se multiplient, et dans les régions de très grandes migrations touristiques. Aussi la question ne se pose-t-elle plus de savoir si la France aura besoin d'autoroutes à l'avenir, face au gonflement du parc automobile. Le problème est de savoir où les construire et dans quels délais.

On estime communément que l'autoroute devient nécessaire lorsqu'elle est capable d'attirer un certain volume de trafic : pour une autoroute à péage doublant une route à deux voies, ce trafic est évalué (voir plus loin) à 8500 véhicules par jour, seuil à partir duquel les gains qu'elle apporte (en temps, en sécurité, en confort) dépassent les dépenses qu'elle entraîne. Il convient donc de prévoir combien de voitures utiliseront l'autoroute une fois mise en service. Pour y parvenir, on examine la carte de la circulation recensée sur le réseau routier. Les relevés sont faits tous les cinq ans ; les derniers datent de 1965. Grossièrement, on calcule que le trafic constaté sur une route ordinaire se retrouve quatre ans après sur l'autoroute qui la double. L'augmentation annuelle du trafic général (qui varie de 8 à 12% selon les itinéraires), la puissance d'attraction des autoroutes nouvelles (autrement dit le trafic « induit » évalué à 10% supplémentaires la première année, 8% la seconde, 4% la troisième...) équilibrent en effet progressivement les pertes de trafic dues au péage et au caractère local, donc sans besoin autoroutier, d'une partie de la circulation (ces pertes sont évaluées à 40% la première année).

A partir de là, on voit, en lisant la carte de 1965, les autoroutes à construire: un réseau serré autour de Paris; des dégagements à partir de Lyon; des liaisons en partant de Paris et en direction de Beauvais, Chantilly, Meaux, Orléans, Chartres, Dreux. Au départ de Grenoble vers Lyon et Aix-les-Bains, de Toulouse, de Bordeaux, de Pau; entre Dijon et Chagny, Aix et Fréjus, Marseille et Toulon, Nîmes et Perpignan, Poitiers et Chatellerault; enfin le long de la côte basque.

Ce calcul simplement mécanique ne suffit pas, évidemment. Il laisse en effet dans l'ombre les avantages que tire de l'autoroute la collectivité tout entière. Or, on sait, sans l'avoir chiffré, que l'autoroute modifie l'espace économique, transforme des zones agricoles en zones urbanisables, accélère les échanges, bref, est un facteur d'aménagement du territoire. C'est pourquoi un pays peut décider de construire des autoroutes non seulement pour répondre aux besoins déjà exprimés, mais pour les susciter en développant la croissance.

(428 mots)

Le Monde (*Supplément*), 11 mars 1969

45. *La modernisation de Paris et le développement du Bassin parisien*

L'aménagement de la région parisienne constitue l'un des objectifs essentiels de la politique d'aménagement du territoire. Dans ce domaine, en particulier, les progrès du Marché Commun ont fait évoluer les idées. La querelle Paris-Province semble aujourd'hui dépassée. Alors que l'interpénétration réciproque des économies au sein du monde occidental tend à accroître la concurrence entre les grandes métropoles susceptibles d'attirer les multiples « centres de décision » de portée internationale qui se créent en Europe, il est apparu dangereux pour le prestige et l'avenir de la capitale de négliger la qualité de ses équipements.

La région parisienne est appréciée maintenant non plus seulement par rapport au territoire national, mais de plus en plus par rapport à la Communauté Économique Européenne. Or, il se trouve que plusieurs métropoles européennes ont réalisé depuis quinze ans des programmes d'urbanisme importants qui leur donnent maintenant certains avantages sur Paris du point de vue de l'équipement urbain. Il importe de rattraper ce retard en accélérant l'effort d'équipement de la capitale et de ses régions dans le cadre d'un plan d'ensemble.

Ceci ne veut pas dire qu'on ait renoncé à limiter la croissance de la région parisienne. L'arsenal législatif existant constitue déjà un frein efficace mais on attend peut-être davantage encore de l'action sur les emplois offerts dans les autres régions urbaines. Une autre option importante du Plan est la définition d'une armature urbaine nationale prenant appui sur des métropoles d'équilibre dont le développement sera encouragé pour faire contrepoids à Paris.

C'est compte tenu de cette politique urbaine d'ensemble qu'a été conçu l'aménagement de la région parisienne. L'idée centrale de celui-ci est de régulariser le développement urbain de manière à éviter une extension diffuse préjudiciable aux relations économiques et sociales. Ce but doit être atteint par la création de villes nouvelles, le choix d'axes préférentiels de développement et la substitution d'une région urbaine à une agglomération compacte.

L'édification de ces villes nouvelles, qui doit commencer au cours du Vème Plan, implique l'aménagement rapide de certaines liaisons routières et autoroutières. A l'intérieur de Paris, les opérations les plus urgentes pour l'aménagement des voies rapides seront entreprises ou continuées. C'est ainsi que l'achèvement du boulevard périphérique est prévu pour l'année 1971. Le programme de transports en commun prévoit la poursuite de la réalisation du réseau express régional, différents travaux d'équipement et la modernisation et la construction d'une ligne expérimentale de métro aérien.

Cet effort d'équipement urbain exigera une évolution des structures de financement, qui pourra se traduire par la révision des tarifs des transports en commun, le stationnement payant, le relèvement du prix de l'eau et la tarification du service

d'épuration. Une telle réforme des tarifications va beaucoup plus loin que la recherche des moyens de financement.
(450 mots)

Panorama de la France, La Documentation française

46. *Le Nord doit renoncer à construire de nouvelles villes pour transformer ses nombreuses agglomérations en véritables cités*

La population des départements du Nord et du Pas-de-Calais adhérera-t-elle à l'œuvre commune qui se forge et exorcisera-t-elle, ainsi que l'en presse M. Pierre Dumont, préfet de la région, les démons qui la divisent, l'opposent en querelles de clocher ou d'obédience et stérilisent ses efforts?

Certes, le Nord, voie de passage naturelle dans une Europe où les échanges vont s'intensifier, est bien placé pour reprendre sa place dans la ronde du développement économique. Mais une part croissante des productions va relever à l'avenir d'entreprises de grande taille, dont les politiques d'investissement s'élaboreront en dehors de toute attache locale.

Si, géographiquement, le Nord est fort bien placé pour accueillir de nouveaux établissements, et sa population est nombreuse et courageuse, il ne peut actuellement faire miroiter aux yeux des futurs investisseurs tous les traits qui composent « l'image globale de l'environnement industriel et humain : vocations industrielles et traditions commerciales reconnues, dynamisme et capacité d'innovation du milieu, complexité des circuits de décision administratifs, efficacité et puissance réelle des pouvoirs locaux ou régionaux, environnement, qualité de l'accueil, rayonnement universitaire ... » Aussi le Nord devra-t-il « progresser considérablement pour affronter la concurrence des grandes métropoles internationales voisines ».

En s'abandonnant au cours des choses, il laisserait la région parisienne détourner à son profit les nouvelles activités espérées. Or « l'ampleur de l'enjeu exige d'exploiter toutes les chances de la France ; et ceci d'autant plus que la politique nationale d'aménagement du territoire entend maîtriser les risques d'une croissance exclusivement concentrée sur la région parisienne. La région du Nord doit être alors considérée, ajoute le livre blanc, comme la carte majeure du pays dans la compétition pour le développement industriel, ouverte entre les grandes régions européennes riveraines de la mer du Nord ».

Une politique d'aménagement « ambitieuse et volontaire » est indispensable pour transformer le Nord au point d'en faire, en un tiers de siècle, « une véritable région urbaine, organisée autour d'un réseau rénové de villes et animée par une véritable capitale ».

Mais que faire dans ces zones pour qu'elles retrouvent vie ? Jusqu'à ces dernières années, la plupart des villes de la région ont poussé souvent dans le désordre et l'anarchie. « L'irruption massive de la production industrielle dans les villes a en effet provoqué l'éclatement de ces dernières dans l'espace, en submergeant les structures communales. Les hommes et les collectivités qui les rassemblent ont ainsi perdu la maîtrise de leur espace et ont dû abandonner l'organisation et le développement de la cité dans ses nouvelles dimensions à la colonisation des grandes compagnies, à la compétition des intérêts industriels, à l'anarchie des décisions individuelles. Les solidarités actives, qui, autrefois, liaient les hommes entre eux et avec le paysage, que leurs actions directes façonnaient quotidiennement, sous le contrôle et l'impulsion des collectivités locales, ont progressivement cédé le pas aux solidarités économiques de fait, qui engagent l'homme comme producteur et comme consommateur. »

(457 mots)

Le Monde, 30 avril 1968
à propos d'un livre blanc de l'Organisation d'Étude et
d'Aménagement de l'Aire Métropolitaine (OREAM)

47. Le monde clos de la pêche

Voici, par exemple, un chalutier de Boulogne. Il met deux jours et demi pour atteindre les lieux de pêche et autant pour en revenir. La marée dure au total une douzaine de jours. Au cours du voyage aller et retour les marins travaillent douze heures sur le pont, gréent le chalut, posent des poignées sur les caisses à poisson, nettoient le navire, etc. Ils assurent en outre deux à trois heures de quart. Au total, dix à douze heures de travail par jour. Pendant la semaine de pêche « il arrive qu'en cas de capture abondante les hommes restent vingt-quatre à trente-six heures sur le pont sans aller se reposer. Certains ont fait jusqu'à cinquante-six heures d'affilée. » C'est un cas extrême. Mais en temps normal la durée moyenne du travail se situe, sur un chalutier pratiquant la pêche au large, autour de quatorze à seize heures par jour, avec des temps de délassement fractionnés à l'extrême.

De retour au port, le marin aura droit à cinq heures de repos par jour de mer, deux à trois jours au total entre chaque marée. A la fin de l'année il lui sera accordé deux jours et demi de congés payés par mois d'embarquement.

S'il travaille sur un bateau « de grande pêche », un morutier par exemple, son sort sera, relativement, plus enviable. Il restera quatre mois, parfois un peu plus, en mer; il travaillera neuf heures en moyenne, quelquefois jusqu'à seize heures par jour si la pêche est bonne, mais bénéficiera de douze jours et demi de repos par mois de mer, comme son camarade du commerce.

Plus que sa durée moyenne, c'est le rythme du travail qui est ici en cause. La pêche est une « économie de chasse » dont le poisson règle les cadences. Le patron et l'équipage, payés suivant ce qu'ils rapportent, sont des complices inconscients de l'armateur, soucieux d'un rendement toujours meilleur. Aucune organisation du travail ne peut « tenir » devant cet « esprit de compétition » qui anime tous les navires de pêche. En attendant la génération des chalutiers-usines, qui feront peut-être du marin-paysan un marin-ouvrier, « le meilleur pêcheur est encore celui qui peut rester le plus longtemps sans dormir ».

C'est aussi celui qui accepte le plus volontiers de vivre en marge de la communauté humaine. Le dicton prétend qu'il existe trois sortes d'êtres: les morts, les vivants, et ceux qui naviguent. Il s'applique particulièrement bien au pêcheur de chalutier classique, qui ne fait que de brèves apparitions chez lui. Le rapport Gerst, rédigé en partie par des sociologues, fourmille à cet égard d'analyses et d'anecdotes. Le monde des pêcheurs est un « matriarcat ». C'est la femme qui s'occupe de tout au foyer. Elle seule parfois sait conduire la voiture dont elle a, seule, l'occasion de se servir. Le marin, lorsqu'il se compare à son camarade terrien et bien que faisant un métier « très dur », « a un peu l'impression d'être dévirilisé ». S'il est jeune, il ressentira « comme une frustration » la vie sans loisirs qu'il mène à bord.

(525 mots)

Le Monde, 2 avril 1968

48. *L'homme assis*

Une entreprise commerciale qui s'est donné pour lucrative mission d'habiller les futures mamans et les enfants nouveau-nés a choisi pour symboliser l'attente de l'heureux événement qui lui fournit sa clientèle habituelle un jeune couple élégant que l'on peut voir photographié en pleine page dans plusieurs magazines.

L'idée n'aurait rien d'original ni même, en cette année de la libre pilule, la légende qui accompagne la photo « ils ont décidé que ce serait pour 1968 ... » si l'attitude des jeunes époux ne retenait l'attention. En effet, si le futur papa est confortablement assis dans un fauteuil de style, la future maman — la photo ne laisse aucun doute là-dessus — se tient debout et le mouvement de ses jambes indique assez la fatigue inhérente à son état. On conçoit dès lors qu'elle n'ait pas le sourire éclatant de la maternité prochaine, mais affiche au contraire une mine un peu contrite, qui signifie sans doute: « excusez mon mari, il est si fatigué ».

Pour ceux qui ont appris très jeunes à céder leur place à une femme dans le métro, même si elle n'est pas enceinte, une telle annonce publicitaire a quelque chose de choquant, bien que l'on puisse admettre que le premier objectif du concepteur publicitaire était de mettre en valeur la robe sans trop tenir compte d'un savoir-vivre que le mariage ne rend pas forcément caduc.

La curiosité nous a conduit jusqu'à l'Étoile pour rencontrer, dans l'agence de publicité où il opère, le jeune concepteur de talent qui a choisi la pose.

C'est un homme jeune et fort bien élevé, père de famille, portant une large cravate et de longs cheveux, qui a déjà à son actif quelques réussites dans le domaine de l'annonce insolite. Il nous a déclaré sans précaution que le choix de cette attitude, qui ne peut choquer « que les gens qui ont eu vingt ans avant la guerre », avait été mûrement réfléchi.

« C'est une image d'anticipation à court terme, les femmes ayant dans les couples jeunes pris le commandement comme elles prennent le volant, et la responsabilité de la sécurité de la famille au retour des week-ends » nous a-t-il affirmé. « La femme travaille, gagne sa vie, et grâce au planning familial et à la pilule choisit le moment où elle veut avoir des enfants ; elle choisit même sous quel signe naîtront ceux-ci. L'homme n'a plus l'autorité suprême dans le couple et la femme ne revendique plus les égards que l'on disait dus à la faiblesse de son sexe. Dans quelques générations, a poursuivi le concepteur publicitaire, l'homme, le mari, ne servira plus qu'à rendre l'épouse mère. Nous retournons à un nouveau style de matriarcat. Toutes les femmes jeunes auprès de qui nous avons testé cette annonce choquante aux yeux des aînés n'ont rien trouvé d'anormal au fait que l'homme soit assis et la femme enceinte debout. C'est au contraire une affirmation de l'autorité de la femme, car si l'homme est assis — on suppose qu'il connaît les usages — c'est qu'elle lui a demandé de s'asseoir. »

Les publicitaires, fort compétents en études de marchés, en sondages de motivations, en psychologie prospective des masses, en sémiologie et en typologie — depuis que la publicité a un langage quasi-scientifique et un impact qu'on peut déterminer à l'avance — nous promettent, semble-t-il, à travers leur dialectique, l'heureuse existence des étalons paresseux, les femmes assumant toutes les responsabilités de la vie quotidienne et tenant désormais pour flagornerie démodée, romantisme pervers et inadmissible mascarade, la courtoisie qu'on se croyait tenu jusque-là de leur manifester. Ainsi l'homme assis était une victime consciente, condamnée au fauteuil, diabolique symbole de sa confortable abdication. Après tout, c'est peut-être dans les messages publicitaires, qui ne sont jamais lancés sans réflexion, que l'on peut découvrir l'éthique des sociétés futures.

Mais on peut toujours, en ce domaine, se montrer rétrograde et céder son siège ...

(594 mots)

Maurice Denuzière, dans
Le Monde, 21 mars 1968

49. *Au large des cités anciennes... les villes nouvelles*

Selon leurs inventeurs, seules les villes nouvelles pourront contenir sinon maîtriser une croissance urbaine irrésistible car :
  • Elles seront autonomes, situées en dehors mais à proximité des centres urbains existants. En effet, quand ceux-ci sont saturés et plutôt que de les laisser s'étendre en tache d'huile, il est préférable d'orienter la poussée démographique vers des sites d'accueil entièrement nouveaux. Les ZUP sont en revanche localisées le plus souvent sur les franges des agglomérations ;
  • Elles seront complètes, c'est-à-dire fourniront emplois et équipements nécessaires à tous leurs habitants. Les ZUP sont souvent sous-équipées à ce point de vue et ne comportent généralement pas de sources d'emploi ;
  • Elles seront structurées autour d'un centre qui regroupera « de manière dense, agréable et vivante » les services administratifs et commerciaux, les possibilités de culture et de distractions. Les ZUP sont souvent centrées autour des seuls ensembles commerciaux ;
  • Elles seront peuplées, c'est-à-dire comprendront autour de 100.000 habitants en province, au moins 300.000 dans la région parisienne. Les ZUP ont moins de 100.000 habitants ;
  • Elles seront étalées dans le temps, c'est-à-dire seront construites par tranches successives et feront le plein de leurs habitants entre 1985 et 2000. Les ZUP, elles, ont une échéance moins lointaine ;
  • Elles seront étalées dans l'espace, sur plusieurs milliers d'hectares et sans tenir compte des limites communales. Les ZUP restent, la plupart du temps, dans le cadre d'une seule commune ;
  • Elles seront économiques, notamment en matière d'infrastructures — voirie, égouts — car plus rationnellement étudiées et conçues sur une plus vaste échelle que les ZUP ;
Indispensables à la création de villes nouvelles et à leur développement des moyens sont peu à peu mis à leur disposition :
  • Les moyens financiers. Pour l'instant, et au stade des acquisitions foncières, les frais de création des villes nouvelles sont pris en charge par la Caisse des Dépôts à l'aide des fonds

de garantie des caisses d'épargne, le Fonds National d'Aménagement Foncier et d'Urbanisme (FNAFU) et le budget de l'État. Le financement des investissements ultérieurs est encore mal défini ;

• Les moyens juridiques. La ZAD (zone d'aménagement différé) qui permet à l'État d'exercer un droit de préemption sur les terrains mis en vente, a été créée en 1962. Elle est l'instrument d'une politique de réserves foncières et une « arme de dissuasion » à l'égard de la spéculation, car l'État peut faire réviser les prix de vente s'il les juge excessifs ;

• Les moyens administratifs. A la tête de chaque ville nouvelle sera placé un établissement public. Un projet de décret est en préparation. Le nouvel organisme conduira l'ensemble des études, empruntera, expropriera, réalisera les travaux de mise en viabilité et revendra les terrains équipés. Mais il ne pourra ni financer ni réaliser les équipements publics, qui restent de la compétence de la commune. Son conseil est paritaire.

Dans les sociétés d'économie mixte chargées des ZUP, les communes doivent au contraire s'engager à couvrir les risques financiers de l'opération. Au conseil d'administration de ces sociétés les communes sont majoritaires.

Pour donner aux villes nouvelles un support juridique et leur assurer des ressources financières, les communes sur lesquelles elles seraient bâties auraient à choisir selon un projet de loi en préparation entre un « syndicat communautaire d'aménagement » et un « ensemble urbain ». Dans les ZUP la commune ancienne est le support administratif de l'opération ;

• Les moyens humains. Les « missions » actuellement en place sont de véritables états-majors pluridisciplinaires, où se concertent ingénieurs et architectes, urbanistes et sociologues, économistes et géographes.

Ces moyens qui commencent à être mis à la disposition des villes nouvelles donnent à celles-ci un début de réalité. Auprès du public, cependant, cette idée de ville nouvelle n'est encore ni largement admise ni vraiment comprise. Les inventeurs de ce nouvel urbanisme ont un handicap à lever. Il est, en effet, toujours facile de dénoncer tel ou tel grand ensemble. Il est, en revanche, très malaisé de défendre des projets.

(622 mots)

Le Monde, 2 avril 1969

50. *Les vacances vont devenir des marchandises*

La Chambre syndicale des bureaux d'études techniques de France vient d'organiser une conférence sur les équipements de loisirs. Le titre d'un des exposés est à lui seul tout un programme : « Un problème de consommation : les loisirs. » Il suffit en effet aux industriels de consulter les courbes de consommation pour apprécier l'avenir économique de ce nouveau secteur.

UNE CARTE DE VISITE

Le marché « potentiel » ne pouvait être négligé par les groupes financiers. La prise de contrôle des trois plus grands clubs de tourisme français par deux banques d'affaires a été une opération spectaculaire dont toutes les conséquences ne sont pas encore tirées. Les clubs produisent des vacances qu'il leur faut vendre. Tout naturellement donc les banques ont été conduites à s'intéresser aux agences de voyages, qu'elles cherchent à regrouper, indirectement à contrôler. L'idée d'un accord ultérieur entre ces deux partenaires n'est pas absurde.

Il ne faut pas exagérer toutefois l'importance de cette intervention. Elle ne représente par rapport au total des investissements bancaires qu'une « carte de visite » permettant d'intervenir plus à fond si besoin était, servant parfois à « habiller » une simple opération immobilière. Elle reste révélatrice de l'orientation apparemment irréversible que prend l'exploitation des besoins nouveaux qu'a créés le tourisme de masse. Les banques risquent d'ailleurs d'être dans un prochain avenir très largement suivies par les compagnies aériennes. Celles-ci vendent du voyage. Si elles veulent accroître leur clientèle à la mesure de la capacité des avions géants qu'elles commandent, elles doivent désormais vendre aussi du séjour, offrir du « tout compris » englobant, outre le transport, l'hébergement et les distractions à terre. Certaines disposent déjà des moyens hôteliers leur permettant de le faire. D'autres — comme Air France — s'efforcent de les acquérir. Elles ont commencé à mettre leurs budgets de publicité, leur appareil commercial, leur puissance financière au service de la promotion des vacances.

Plus subtilement, ne contrôlent-elles pas déjà par l'intermédiaire du prix du transport un des éléments essentiels du coût de tourisme? Sur 100 francs que dépense un Français en vacances, 20, estime-t-on, sont consacrés à des frais de déplacement. Le transport représente entre le tiers et la moitié du prix de revient du séjour fabriqué par un club. Pratiquement, l'expansion du tourisme international suit pas à pas celle du transport aérien, est conditionnée par ses tarifs et ses initiatives. Comme l'expansion du tourisme intérieur l'a été par les progrès du chemin de fer puis de l'automobile.

L'ÉTAT PROMOTEUR

Les pouvoirs publics sont propriétaires d'Air France, homologuent ses tarifs, négocient ses droits d'atterrissage. Ils sont de la même façon responsables des tarifs de la S.N.C.F., de la fiscalité automobile et des infrastructures routières. Mais leur intervention dans le secteur des vacances est devenue plus directe encore par des prêts et subventions qui leur ont été, très légitimement, réclamés. Celles-ci n'ont cessé d'augmenter d'année en année. L'État est devenu non seulement le premier banquier des promoteurs du tourisme, mais, comme dans le cas du Languedoc-Roussillon, s'est parfois transformé lui-même en promoteur. Il a en même temps appris à comptabiliser plus exactement les recettes et les dépenses des touristes nationaux et étrangers, n'hésitant pas, s'il le jugeait utile, à encourager les unes ou freiner les autres.

L'intervention simultanée des industriels, des banquiers et des transporteurs d'une part, des pouvoirs publics de l'autre, a ainsi abouti à jeter les bases d'une véritable industrie des vacances. Cette industrie s'est mise à produire, après études de marché et consultation des ordinateurs, des produits de grande série, adaptés aux besoins présumés des deux ou trois grandes catégories de consommateurs qu'elle a retenues. L'évolution est achevée aux États-Unis, largement entamée en Allemagne, déjà perceptible en France qui conduit à fabriquer des vacances comme des automobiles.

(750 mots)

Le Monde, 2–3 juin 1968

ENGLISH–FRENCH TEXTS
51–100

51. *Trade problems*

Despite relatively full employment in the developed areas in the fifties, terms of trade have steadily fallen since 1955 and trade openings for primary producing countries have become more restricted. There are several factors in this situation including the following:

(a) Heavy industries in the advanced economies use less raw materials for a given output than was the case pre-war. Technological changes have resulted in more economical use of raw materials, especially minerals.

(b) As incomes rise tertiary production (services) becomes relatively more important in advanced economies than manufactured products. Therefore, rising incomes do not call for a proportionate increase in the demand for industrial raw materials.

(c) Income elasticity for agricultural (food) products is low in advanced countries. Again this simply means that rising incomes in Europe do not call for a proportionate increase in food supply. Indeed, for some items like wheat a fall in *per capita* consumption in favour of meat and other more expensive foodstuffs is probable.

(d) Agricultural protectionism as practised in Europe and apparently to become even more restrictive under the Rome Treaty, severely limits trading opportunities for low cost, efficient production outside Europe. Similarly, high revenue duties on coffee, cocoa and tea have limited consumer demand to the disadvantage of many Latin American, African and Asian suppliers.

(e) Some raw materials—e.g., wood and rubber—are the victims of synthetic substitutes. The only politically practicable answer to this is improvement in quality of the natural products and competitive prices.

(f) The foregoing factors have meant that total demand has risen in post-war years rather less than would have been the case had they not operated. However, the *volume* of supplies in the same period has, for some items at least, been expanded without regard to these restrictive forces. Price elasticity of

91

demand has been low and price falls the more considerable as a result. This very fact is a further discouragement for the future. (278 words)

Sir John Grenfell Crawford, in *Progress*, the Unilever quarterly, no. 279, 1/1964

52. *Higher education for management*

The creative drive to change existing patterns in order to achieve further growth and profitability is the mark of the entrepreneur. As competitors seldom remain inactive, management has to live with a continuous and dynamic development in which decisions involving new risks have to be taken all the time. Risks can be minimized by making the fullest use of what science has to offer in assessing future trends, but in the last resort decisions are often based on experience, good judgment and above all on courage. These decisions provide the most rewarding features of an individual manager's work. The complexity of problems is generally accentuated by the impossibility to quantify all factors and by the interdependence of the various factors. There appears to be no problem for which any one science can claim primacy in finding the right solution; instead the interdependence of the natural and social sciences is becoming more and more manifest.

Good managers are scarce and in spite of intensive effort in management planning and development, tend to remain scarce. Good managers always will be scarce because the necessary characteristics are not frequently found combined in one individual, and as they are inborn personal qualities, they cannot be imparted to the individual through education. In essence it would appear that good managers combine directed energy, directed towards a certain change in existing patterns, with common sense—a sense of proportion for what can be achieved. These individuals through their vitality appear to be willing to take risks but also to be able to take into consideration the realities with which they have to deal. On the one hand the personality shows a dynamic nature, always planning new moves, but it also demonstrates a calmness and objectivity of approach in assessing all possible factors which have to be considered before the new plan can be adopted. It would follow that the universities will be able to provide for the educational facilities for the development of the potential manager but also that the real test for management can only be made during employment in industry.

(302 words)

A. W. J. Caron, in *Progress*,
the Unilever quarterly, 1965

53. *How the gold system works*

When you buy a shirt for £1 the shopkeeper accepts your paper note because he knows he can always change it for £1 worth of something else—not because there is £1 worth of gold in the Bank of England which he could ultimately claim if he wanted to.

But when Britain swaps goods and services and dividends and capital with France or the U.S., the deal is finally done by exchanging pounds for francs or dollars. For trade to go on, nations need to be confident that, by and large, they will get the same rate of exchange tomorrow as they did today. That is why world trade operates on a system of fixed exchange rates. And the way the system is set up is that every currency (except for the occasional devaluation) is worth so many dollars, and the dollar, in turn, is "worth" one-thirtyfifth of an ounce of gold. For this to mean anything, requires that central banks, who do the final settling in international trade, can always buy or sell gold at $35 an ounce.

Trade grows all the time, and although there are always more debts outstanding than there is gold to meet them, the two cannot get very far out of line. Central banks keep gold in their vaults like ordinary people keep current accounts. But gold is a commodity—you can't just print it like paper money. And not enough comes out of the mines to meet demand. With other commodities in this situation the price would go up, and lots of people think it should—and is going to—with gold. They buy it as a gamble, at $35 an ounce, and the central banks find that their current accounts get increasingly short. The whole exchange system moves into danger. And that, simply, is what all this week-end's panic is all about.

(312 words)

The Sunday Times, 17th March 1968

54. *New group must shoulder the sterling area millstone*

... Another issue to be hammered out is whether a scheme can be handled within the existing range of monetary institutions. Any long-term plan must involve governments although that could confer extra powers on the central banks to carry it out. A solution in which a group took over the sterling liabilities would mean setting up a special institution to act as agent and to hold the balances. And a long-term loan or standby credit would probably need to be handled by extending the scope of an existing body like the I.M.F. or B.I.S. but it could be done on a bilateral basis with each participating country.

But the body which manages the facility could be important for a much more fundamental reason. European central bankers and finance ministers may now believe that the U.K. will swing into surplus. But before they commit long-term money they will have to be certain that the U.K. will not slip back into her bad old ways and ease up on domestic restraint when no longer subject to the same exchange market pressures. Indeed there are already some fears that the tightening of the credit squeeze to please the I.M.F. will lead to Labour demands later in the year for some easing up of the restrictions on Government spending.

As long as support for the pound has been on a short-term basis the fairly informal "multilateral surveillance" of the Basle meetings and of Working Party 3 of O.E.C.D. has probably given the creditors adequate means of making their views known. The medium-term credit of the I.M.F. requires the rather more formal procedure of quarterly inspections by a team of experts. The real issue could well be: Will our creditors be prepared to make long-term money available without some more direct means of keeping in touch with, and having their

say on U.K. policies; and if not, how far will the Government be prepared to go on meeting such demands?
(328 words)

The Sunday Times, 18th June 1967

55. *Is income tax an incentive?*

Professor A. J. Merrett, addressing a recent teach-in on economics staged by the Tories, described as a "disincentive" the fact that directors of Britain's largest companies, whose salaries average about £13,000 a year, need to double their salaries every eight years in order to maintain their real income constant at present rates of inflation. (The reason for this is their increasing average rate of tax as their salaries rise.) But surely this is an incentive, not a disincentive. Company directors are in a position to see a connection between their income and the quality of their performance if anyone is; so Professor Merrett's observation really implies that they have to strive harder than the rest of us just to prevent their real incomes from falling—and harder still to secure any real rises.

Company directors may of course be motivated differently from the rising young executive who is usually cited as the intended beneficiary of this campaign. Response to incentives depends heavily on the individual's ambitions and on how seriously he wants to increase his standard of living. The man who is entirely content with his lot will not respond to any financial incentives if greater effort or responsibility is involved. But if a man's wants exceed his net income—desires for expensive holidays abroad, private education for his children (a really major incentive for the middle classes, under present arrangements), a detached house in a posh neighbourhood—then a progressive system of personal taxation such as ours can be shown to be an incentive, not a disincentive.

For in order to get the additional after-tax income he feels he needs, such a man must have a bigger increase in before-tax income, the greater his marginal rate of tax. Hence (so long as he regards his post-tax return as significant) the man who is motivated in the direction of self-advancement must aim

higher, and perhaps work harder, with a high incremental tax
rate rather than with a low one.
(330 words)

The Sunday Times (*Business News*), 13th August 1967

56. *Wooing women into industry*

Though it seems faintly ludicrous to be saying so, some 40
years after emancipation, the fact is that over the last few years
the industrial and commercial world has begun to consider
women graduates on the same basis as men for management
potential.

For some years the two most accepted areas for women
graduates in commerce have been in personnel, with its old
connotations of womanly welfare work, and market research—
a walk-over especially for the girl economist. It could well be,
however, that these will not be the most likely routes to the top
for women in the future without the acquisition of rather tougher
skills than a post-graduate personnel diploma or a feminine
capacity for service and handling people.

As personnel grows out of the welfare stage into labour
relations and the newer management conceptions, it is becoming
a more important rung on the male management ladder. Women
hold some of the top personnel jobs now, but when the time
comes they may not be replaced by women. In marketing and
market research, too, rapid advances in quantitative and
operational research will call for specialist skills.

What is happening, however, is a general opening up of
opportunities over the whole management field. There seems
some substance for the view of Mr. Escritt of the Oxford
Appointments Board that women graduates are now in the
same position as men arts graduates in 1946. In those days the
classicist or historian was likely to be laughed to scorn on the
machine room floor. But the arts men proved themselves, got
to the top, are now courted annually by some 200 graduate-
hungry firms. The demand has grown so intense that they have
had to turn to the women to augment the supply, and it is now
their turn to prove themselves.

They are unlikely to be allowed to forget the proving part. The most realistic employers still expect women to have that little bit extra than the average man before they will take them on, the most enlightened still toss around phrases like "trailblazing", "pathfinding", "personal challenge".

But the important thing is that the top handful of firms who lead the way in graduate recruitment have for the past two or three years been augmenting the well-worn direct entry path into personnel by including women in their management training schemes.

(343 words)

The Sunday Times, 15th January 1967

57. British imports: the food bill

Two kinds of imports—foodstuffs and basic materials—are usually regarded as broadly non-competitive with domestic supplies. This is on the argument that they supplement, rather than compete with, British natural resources. With the exception of fuels, which are in a class of their own, these are not the fastest growing elements in the import bill. Britain finds, like other countries, that its demand for basic foodstuffs and primary products grows more slowly than its national income. Food, drink and tobacco account for just over a quarter of today's import bill compared with over a third ten years ago; and basic raw materials for only 15% compared with 24% in 1958. Including the ever-growing fuel bill, these "basics" account for just over half today's total import bill; in 1958 the proportion was over two-thirds.

Nevertheless, even if their share is diminishing, these "basics" go on costing more each year and still make up the majority of imports. The bill for food alone (excluding drink and tobacco) is now moving around £1,700mn a year. Should Britain be content with, indeed boast about, growing only half its own food? What is replaceable and what non-replaceable in the import bill is always open to interpretation. Should over £300mn a year, for instance, be spent on foreign fruit and vegetables? The more alarming trends in most people's eyes are that imports of semi-manufactured goods (chemicals, fertilizers, paper, textile yarn, non-ferrous metals, etc.) have risen sharply (their 1967 value was $2\frac{1}{2}$ times the 1958 value) and those of finished manufactured goods even more so (they quadrupled in value over the nine years). And the volume of these imported semi and fully manufactured goods rose by 151% between 1958 and 1967, when national output rose by only 33%.

The rise in imports of semi-manufactures reflects the changing pattern of industrial output, the increasing share of processing in the final product and the substitution of man-made materials for traditional ones, which has reduced dependence on natural products. The rise in finished manufactures is the outcome of the liberalization of world trade, mainly in the 1950s, and the reduction of transport costs.

(366 words)

The Economist, 17th August 1968

58. *The high price of redundancy*

Even while the present round of disputes in the docks and the railways rumbles on, new sources of trouble are in quiet preparation. Employers in all industries are working on efficiency plans. The sting lies in the inescapable fact that greater efficiency means fewer men, and this spells redundancy.

There are two types of problem emerging for which new policies may have to be worked out.

First there is the hard core problem. Some industries have run down their manpower as far as they can easily do; the next stage will be more difficult. The Government recognized that this is the case with coal and has adopted a series of special measures to deal with it, from stockpiling unwanted coal to last week's decision to establish industrial estates in the worst hit areas.

The hard core problems can also arise from the attitude of the men themselves—they may refuse to allow themselves to be got rid of, except at a price. The dockers will certainly take this stance and the port employers are pretty well reconciled to having to pay out as much as £1,000 for each man whose name they can have deleted from the dock register.

The second type of problem is connected with technological innovation. A firm may wish to invest in advanced new machinery but be deterred from doing so because it cannot persuade the unions to let the new machines be run by fewer men—without a cut in labour costs the investment cannot be made to pay off.

Two developments provide clues as to how both problems might be tackled. One is the Port of London Authority's decision to consider raising a loan in the City to cover the cost of severance payments, the loan to be repaid over a period of years out of the savings that result from having a smaller labour force. The other development is contained in the Prices and Incomes Board's report on the newspaper industry, in which it suggested that the Government give special cash help to the industry to ease the inevitable high cost of thinning out its work force.

These two could surely be combined so that management would be encouraged to think of investing in redundancy schemes in much the same way as it approaches any other form of "investment". And investment grants, now available only for capital projects, could be extended to cover such schemes.

There would be great difficulties in devising a workable system of redundancy grants. Unless it were skilfully handled it could encourage unions to hold out for even better severance terms and so actually decrease labour mobility and raise the total cost of reshuffling Britain's working population out of the declining and into the expanding sectors of the economy.
(404 words)

The Sunday Times (*Business News*), 5th November 1967

59. *Tribology drive could save industry £500m.*

The Ministry of Technology has started preparatory work on a nation-wide campaign to save £500 million over the next 10 years by explaining the mysteries of tribology to industrialists and engineers.

Tribology—the title was invented two years ago—is the science of lubrication, and the Ministry is determined to get the message across to industry that it means a great deal more than "the man with the oil-can".

The saving of £500 million was estimated in a report by a working group on the subject earlier this year and is said to have so shocked Mr Anthony Wedgwood Benn, the Minister of Technology, that nothing less than an all-out campaign will satisfy him. It has become an urgent priority in his Ministry.

Poor efficiency

In this report the annual bill for bad bearings and careless lubrication was assessed on losses through reduced energy, maintenance and replacement costs, poor mechanical efficiency and the excessive use of manpower that these failings represent.

Mr H. Peter Jost, who was largely responsible for the report and who will be advising the Ministry, explained yesterday why tribology had suddenly become so important. "In a steelworks with modern rolling mills, a breakdown of a single bearing can bring the manufacturing process to a stop—at a cost of £300 a minute", he said. "Over $7\frac{1}{2}$ per cent of the cost of a finished product from a steelworks is accounted for by maintenance. On this country's steel production, that accounts for £20 million a year, which the customer has to pay; in a competitive world market that's more than we can afford to charge."

Written off

The breakdowns through over-wear and damaging friction have, until recently, tended to be written off by managements as inevitable. But the high investment costs of modern machinery, which is often fully automatic, means that even a 2 per cent loss on its performance becomes economically important.

"A car engine costs very little to make", Mr Jost said. "You can keep on testing it and adding refinements until you get what you want. That's easy because a manufacturer is going to make thousands of them.

"But if a manufacturer is going to make only three or four pieces of highly sophisticated plant which might cost anything over £1 million, its design has got to be exactly right the first time—and that's where tribology comes in."

100

Part of the Ministry's campaign will involve the compilation of a handbook and the distribution of leaflets. A project for the establishment of a tribology institute is also under consideration. (419 words)

The Observer, 9th October 1966

60. *The gaping loopholes in travel controls*

The advantages of membership of the sterling area having been further eroded during the past year or two for many of the participating countries, it is understandable that the British authorities wanted to leave journeys to sterling countries beyond the scope of the travel allowance arrangements. But it has to be recognized that this concession, along with the decision to allow British currency notes to go on being shipped back to this country at the official rate of exchange, leaves the door wide open to evasion of the new restrictions on tourist expenditure abroad—so wide open that they will have to rely for their effect principally on what may be called the voluntary co-operation of the travelling public.

The other consideration behind the decision to leave tourist spending in sterling countries alone lies in the technical difficulties that would have been encountered by any attempt to put it on the same footing as other foreign travel expenditure. Thus, though restrictions of various kinds have been imposed on investments in the sterling zone during the last couple of years, no controls have been established over actual transfers of funds from the U.K. to the area.

Consequently, for a limit on tourist spending there both to make sense and have any practical effect, the present freedom for funds to move from the U.K. to other sterling countries would have had to be modified. And that would have meant an attack on one of the few remaining features of the sterling area way of life.

However, the decision to keep the sterling area travel allowance free will have important disadvantages. An obvious one, of course, is that the U.K.'s balance of payments will be deprived of the relief it would have derived from the cutting back of tourist spending in sterling countries.

A less obvious disadvantage is that the continuing ability of the British traveller to take unlimited amounts of money out of the country for journeying in the sterling zone will mean that the restrictions on travel in the non-sterling world will be surmountable with comparative ease by those less patriotic citizens who are able to route themselves through that country. For, though sterling area countries are supposed to operate exchange control systems that take full account of British policies regarding conversion of sterling into non-sterling currencies, it is the case that in many of them switching between the two by the general public—whether domestic or visiting—presents no great problem.

In a number of sterling area countries—for example, in the West Indian members of the club—the American dollar or other leading currencies circulate side by side with sterling or its local equivalent. So the traveller who has arrived with a wallet crammed with sterling could easily depart with sufficient non-sterling currency to be able to drive a coach and horses through the £50 travel allowance.

Again, one of the big deterrents to the illicit export of travel currency in sterling note form in the past was the fact that such money could not be sent back to this country at the official rate of exchange. Because of this, the price obtainable was determined by the interplay of free market forces which often brought the price obtainable out well below the official one.

(425 words)

The Financial Times, 4th November 1966

61. *Top men in marketing*

The civilization in which marketing has emerged as one of the major functions of management is a product of the second half of this century. Speed of production, mass communications, the development of research and quantitative techniques, the amount of discretionary income available for improving the standard of living have all helped to force the development of new and scientific attitudes towards methods of competing for the available spending power. Product mortality was always enormous, but it has been reduced by research techniques, maths and computers.

In spite of its comparative youth as a profession, the marketing men have swiftly climbed to top management jobs, particularly in the consumer goods field. Since the whole essence of an orthodox marketing operation is that the marketing planner should be the dominant figure in the whole research, production, sales, advertising and distribution set-up, it was inevitable that the marketing directors, the managing directors with marketing responsibilities, should multiply.

Again because of marketing's recent rapid growth, the swift turnover of ideas and techniques, the importance of up-to-date contact with consumer attitudes, the new men are getting to the top quickly. The ambitious marketing manager is looking for a board appointment in the £7,000–£12,000 bracket by the time he's 40.

He can expect the salary to be high, because he also knows that he is being paid risk money. The life of the top marketing man in a company is very short. There will almost certainly be frequent job changes, perhaps three or four, in his 10 years at the top, and the probability is that he will be out at 50, with or without a top-hat pension.

Mr A. Franklin Colborn, Director of the Institute of Marketing and a former managing director of Courtaulds, with a strong academic and commercial background, gives several reasons for this: "Once a man gets to the top, he has no chance of finding out anything for himself, he must assess the information brought to him. He moves more the less he is capable of taking in information from outside. Changes in behaviour are so rapid that his own first-hand experience of human wants, which determine a company's prosperity, is soon outdated.

"Then it is the man at the top who must make the decisions and take the actions which put the shareholders' money at risk. He has available all the research which reduces the risk, but he takes the risk. And when you consider how terribly expensive one failure can be, it is going to count more powerfully than 10 successes."

Also, once a man has transformed a firm on to a rational

marketing basis and run through his own special set of tricks, he can pretty soon become, or appear to be, stale on one product or one agency account unless he can move on.

(470 words)

The Sunday Times, 13th August 1967

62. *Full circle for the wheel of service*

The self-service revolution has been a factor in changing social habits, distribution patterns, and—not least—the marketing of grocery and now other products. But whether this pattern will continue in the 1970s without major breakaways is another question.

Discretionary incomes are certain to grow as a proportion of total disposable incomes during the 1970s. One special way in which many may well wish to exercise such discretion is through forms of personal service long forgotten in British society. A return to custom building in many product fields can also be expected.

The search for service, and the recent decline in its availability, will perhaps be nowhere more intense than in the distributive trades. There the remorseless trend of the 1960s and possibly the early 1970s toward the depersonalization of retail trade, particularly through supermarketing and discount trading, will surely be reversed. Mail order's personalized sales approach based in Britain, though not elsewhere, on the small group established by the agent, has heralded this trend during the 1960s, but few have spotted it.

In the 1970s the trend will spread, not solely in terms of a massive extension of mail order, but in terms of a reconstruction of the retailing sector of the economy. Outlets such as home furnishers, men's tailors, grocers, butchers (although they have never fully succumbed to the self-service trend) and garages will all develop retailing into the home.

The systems employed will vary widely from the reappearance of van-selling at the door to the use of telephone selling and order taking, computer order processing and home delivery. The in-home sales situation will quickly conquer the tawdry image of doorstep selling currently too common for household utensils, encyclopaedias and insurance, by the introduction, for instance, of appointments systems.

Pre-school nurseries will become almost universal and this, allied to the increase in the school leaving age first to 17 and presumably later to 18, plus the phenomenal growth of the Open University, will completely transform the social life of the married woman. Not only will she be freed from restrictive ties but she will rapidly become of significant importance in the service economy on a part-time basis, with a higher level of intellectual contribution to make.

This trend has been brought to public attention with the introduction of the selective employment tax penalizing the distributive trades in particular, in order to favour so-called "productive" economic activities.

A further major influence will be changing attitudes towards credit and savings. The 1970s will very likely see the end of savings as a cultural imperative and the still more widespread acceptance of living on mortgaged future earnings. This would be a situation logically rationalized on confidence in the general economic future of the country, and the tendency, always present, of increased levels of real income as life proceeds. It will bring in its wake a further growth in the discretionary incomes available.

Why will customers wish to spend their discretionary income on service? The hypothesis I advance is that life will be more and more for living and enjoying once basic needs have been met. The growth in leisure and family social pursuits will be facilitated by the removal of chores. The service we shall see will not be the service of the 1930s or late 1940s, it will be in quite a different form. But its significance must not be missed.
(609 words)

The Times (*Business News*), 8th October 1969

63. *Management: the hostile environment*

The managerial environment may be considered as the sum of three parts—the incentives to good performance, the sanctions against poor performance, and the coherence and communication of those external conditions and objectives which inform managerial decision making.

The facts about the direct incentives are well known. In the brackets in which the salaries of directors of the more important British companies fall the proportion retained of any increased earnings achieved is only a quarter or a fifth as high as at the same levels in the United States. Any attempt to provide incentives other than in the form of salaries is ruthlessly discouraged. Important as this effect of the income tax structure may be, it is only one aspect of the damage caused. It is not only the drive and determination of the key executives which is affected but that of the far larger number of their subordinates who, as they move into middle management positions, all too often opt out of a competitive struggle for higher rank when the real prizes in prospect are so small. Most profound of all the consequences of our tax structure is the effect on risk-taking. We need boldness in investment, in accepting innovations, in exporting, but the rewards to the manager or his shareholders for successful boldness are small.

On the other hand we need to increase the sanctions against poor management. This is primarily a task of compelling disclosure of enough information to determine the real effectiveness of management and the provision of channels by which deserved criticism and dissatisfaction can be effectively expressed.

Much as I dislike compulsion, it is not sufficient in my view merely to encourage a voluntary publication of information about company operations or to rely on Stock Exchange requirements to enforce it. It is not the figures of the more progressive companies who will most readily comply that are needed. It will be argued, as it always has been, that companies should have the right to withhold information which they do not deem it to be in the interests of their shareholders to release. It is in fact almost impossible to find a recorded case of companies harmed by publishing too much information—while on the other hand, hardly a week passes without news of a financial disaster which might have been avoided if earlier and fuller information had alerted shareholders to developing dangers.

With the availability of more information, one of the principal causes of inadequate criticism will disappear. The severity of the libel laws will still remain to inhibit City editors from expressing frank opinions. It is time that adverse criticism in financial matters was reckoned to be as much in the public interest as favourable comment.

In a climate of better informed and more analytical comment, the shareholding public would come to demand better managerial performance and be prepared to unseat managements which did not deliver it. In particular one would hope that the insurance companies and other major institutional holders of industrial securities would take a greater interest in management beyond those schemes of managerial remuneration which alone seem capable of arousing their ire. Their policy of non-intervention reflects a fear of attracting political attention to their potential power. Greater danger may well reside, however, in the long run in possessing power without exercising the associated responsibility.

There can be no doubt that if the shareholding institutions were to encourage research, to visit, encourage and criticise management, and to counsel and assist in improvements, they could do a great deal to raise the standards of British management and to serve the interests of their policy holders and shareholders.

Leaving aside those influences which bear upon the personal interests of managers, consideration of the managerial environment enters an area more difficult to define. Since managerial performance springs from managerial decisions, perhaps we can put it most simply as the consideration of those influences on decision-making other than managerial incentives and sanctions. The vigour of competition, the degree of co-operation of trades unions and the activities of trade associations all affect management decisions. But these influences are themselves largely determined by the still more powerful and pervasive policies of government towards industry. Unfortunately the relations between government and industry have come to be the most crucial set of problems in our complicated society, without any attempt having been made to study them as a whole.
(687 words)

The Sunday Times, 30th October 1968

64. *Organizing for improved investment decisions: the contribution of management*

The first task for management in organizing for improved investment decisions is to ensure that there is sufficient trained staff available for analysing all likely investment projects on the lines indicated, from replacement decisions (very important in aggregate) to new projects, to mergers and take-overs. Ideally this staff will embrace the skills and techniques of accounting, business economics, finance and operational research, and have access to technical, marketing and taxation knowledge. Such a staff will function properly only if it is given sufficient time to perform its task adequately, yet all too often this does not happen. For instance, far too many take-overs are conceived and executed within a few weeks even though they are usually the biggest and most significant of all investment decisions and handsomely repay the most intensive investigation and analysis.

A second task for management is to lay down consistent and carefully determined policies concerning profitability standards and risks. No very useful screening of investments is possible until there exists a clear guideline concerning the acceptable net of tax return required on capital in stated circumstances. Detailed rules are not possible but the returns required on minimum risk projects and on normal projects can be determined and should be promulgated throughout the organization. This may seem too obvious to need stating, yet in a great many companies it does not happen. Where guidelines are laid down too frequently they are in terms of *gross of tax* profitability return, or else in terms of a payback period with all the drawbacks such a criterion involves.

Policy towards risk is an equally important subject. Management have a clear responsibility to determine the types of risks which are currently acceptable, and then to make their decision known. The determination of an appropriate risk policy is not as easy as might at first appear. A company which has determined to 'play it safe' will not necessarily achieve that aim merely by raising its profitability requirements. It may be better advised to seek the usually modest but safe returns from concentrating on replacement and cost saving investments. Even so, it will usually be prudent to continue with product research expenditure despite the highly uncertain returns because in most industries today there is little security to be found in standing still.

A further task for management is to have a standard procedure for initiating investment projects, and for having them investigated and analysed. This procedure should involve a look at all the different ways a project could be carried out so that it may have the highest chance of being optimized, plus a full scale sensitivity analysis to aid in judging the risks. Too often a management is content to pass judgment on a single version of a project with perhaps only one or two profitability estimates provided.

Another requirement of efficient management is to have a well organized post-audit procedure for all major capital projects and a sample of the smaller ones. The audit should occur at the end of the construction period and a year or two later when the project has bedded down. No executive can justifiably complain of such procedures provided they are carried out in a responsible way, not as witch hunts—we all make mistakes—but as objective investigations aimed at improving future performance. Without such a procedure it is very difficult to learn from past investments (even those projects that turned out well may have done so for reasons quite unforeseen by the sponsors, and vice versa).

While the policy decisions and procedures just outlined are important in improving investment decisions their effect will be largely nullified unless management, in particular senior management, become sufficiently conversant with the best available analytical techniques previously described. There is little point, for example, in assessing profitabilities with the aid of discounting methods if the results are largely incomprehensible to most of the senior management who still hanker for the payback method. It is clear, however, in at least Britain and the U.S., that the major stumbling block to the use of the new techniques is the ignorance and suspicion of the new techniques of most senior managers. This is not too surprising when it is remembered that the techniques have been developed largely in the past ten to fifteen years. Very few people over forty (that is very few senior managers) have ever actually studied or used the new techniques, yet without some such study and practice the techniques are unlikely to be acceptable to decision-takers. Hence either senior managers must be persuaded to take some form of familiarity course or widespread implementation of the new techniques must wait until a new generation rises to positions of power. What is being suggested here is no more than is necessary in most other fields. With the increasing rate of development of new knowledge most people must think in terms of periodic refresher courses throughout their careers if they are to stay on top of their jobs.

(824 words)

Progress, the Unilever quarterly, no. 287, 1/1966

65. *Britain in a changing world*

The relations of Britain with the rest of Europe have caused great difficulty and concern, and there has been no obvious basis of opinion in either of the main parties for or against a closer association with the Common Market. At any meeting of Conservatives it is easy for a speaker to get loud applause by any reference to the treasured link which binds Britain with the rest of the Commonwealth, and a large body of Conservative opinion is positively suspicious of closer links with European countries, particularly if any such link tends to weaken the bonds of the Commonwealth in any way. In the Labour Party too there are many people who would like England to pursue its own form of socialism in its own way, and many workers are afraid that it would be bad for their interests if people from other countries were allowed to come to work in Britain without much restriction. Various economic interest-groups make pessimistic calculations about how they would be affected by membership of the Common Market and some of these calculations seem to be inspired by a rather narrow and short-sighted attitude which involves the conception of Britain as a member of a group of nations rather than as the centre of its own world. In 1961 the British Government began formal negotiations for membership of the Common Market. By this time, although there was some opposition from old-style imperialists of the Right, there was more hostility on the Left, with its strong attachment to the new

110

Commonwealth as a free association. The British in the second half of the twentieth century are in a difficult situation, in which they need to accept big changes in their situation in the world— and to adapt themselves so as to be able to face the changes effectively. But it is difficult to see why their difficulties should be more serious than those of a different sort which are being faced in other European countries.

(335 words)

Peter Bromhead, Life in Modern Britain, 1962,
Longman Group Limited

66. *Europe: Six on a tottering bicycle*

The gloom about the future goes deep. Early prophets like Jean Monnet saw economic union as a step to political unity. Now it is clear there will be no economic union without political unity. De Gaulle has made the point brutally by refusing economic measures which would limit his political freedom. The other five countries have failed to overcome his insistence on the independence of the nation state. Even if de Gaulle were to go, would the men in power in the other Community countries, or his successors in France, start pushing ahead again with European integration?

The three existing European treaties are due to be replaced by a single treaty. Could the Community be extended to cover all the fields needed for economic union and perhaps even defence and foreign policy as well? Should this be done before Britain joined—or after? No one in the Six now has the answers to these questions. Indeed few people even put the questions.

For Britain, there is a clear lesson from the EEC's present malaise: the time has come to end the prevailing fascination— on the part of opponents and supporters of membership alike— with the Common Market as it is. The only sensible course now is to start thinking about something that goes beyond the Community, and that the Six, Britain and others could negotiate together. How far beyond will be the crucial question.

But the alternative is to see the Six left on the European scene, like the ruin of a too ambitious house, with national

policies growing up around it. This has been de Gaulle's aim. He may well have succeeded. If there is a new leap forward in Europe, after he goes, it will be because the Six and others have learnt the lessons of July 1: that in the move towards unity, half measures don't work; that the present community, for all its achievements, is not headed towards economic unity; and that without a sudden surge to political unity, the lorry drivers will be right and "the frontiers will never go".
(338 words)

The Sunday Times, 30th June 1968

67. *VAT is not unfair*

What is actually happening in the EEC? On New Year's Day Germany adopted a 10 per cent value-added tax in place of its old system of taxing business turnover and France extended its existing system (20 per cent), which fell only on manufacturers, to retailers and services. The rest of the Six will have to follow by January 1, 1970, but before then the Community will have to agree on a uniform rate (the latest guess is that this will be 15 per cent). The day when this takes effect will be one of considerable rejoicing for European technocrats, because it will do away with the present practice of treating goods passing from one EEC country to another as exports and imports and rebating and charging VAT on the frontier.

Unfortunately this step will be an added irritant to American protectionists—and others. Imagine, when the Common Market VAT rates have been unified, that Électricité de France wants to order a transformer and that there are three competing suppliers, English Electric, Compagnie Générale d'Électricité and Siemens. If CGE gets the order it will have to pay VAT on the difference between the tender price and its purchases from other firms also liable to VAT. Siemens will be treated in just the same way, except that the VAT will be paid to the German authorities. But English Electric lies outside the net: if its transformer is accepted, the VAT will be levied on the whole value of it, at maybe 15 per cent. Similarly if the London Electricity Board is ordering a transformer, Siemens can charge about 15 per cent less than it would charge to Électricité de France. Why? Because it knows that it will be getting a 15 per cent VAT rebate from the German authorities.

At first sight this looks like the most blatant discrimination in favour of the EEC countries' trade. And it is. English Electric can claim that it gets no rebate for corporation tax, petrol, fuel, oil and other excise and import duties borne by itself, and, more important, by its British suppliers. American protectionists argue that corporation profits tax and value-added are just two alternative methods of taxing companies, one using profits as the base, the other using value added. Why, therefore, they say, should one be rebated and not the other? And why should American trade suffer just because the American government chooses to tax companies on their profits rather than value added?

In fact, company profits tax rates in Europe are similar to the American, but even so there is a good reason why it makes sense to allow rebates on the VAT, but not on corporation profits tax or excise duties that fall on business. This is that the amount of the VAT to be rebated is readily apparent; there is no room for argument. This was never true of the old German turnover tax, which was rebated on a rough and ready basis that left German and overseas firms both convinced that they were getting a raw deal; that was one reason why it was scrapped. The British export subsidy, due to disappear in April, was objectionable for just the same reason, not only to other Europeans, but also to Americans. The same objections could validly be raised against any American attempt to rebate indirect taxes, although these, like the British export rebate, might be consistent with Gatt rules, suitably interpreted.
(353 words)

The Economist, 13th January 1968

68. *Fight for Europe*

[This book [*The American Challenge*] by the Editor of '*L'Express*' has already had a phenomenal success and the English translation will, no doubt, spread its message.]

The thesis is simple: European industry is being taken over by American corporations. Half of the new companies set up outside America in the last ten years are in Europe; $10,000 million have been invested by American corporations in Europe. The three large American consultant firms that have offices in Europe have doubled their staffs in the last few years. And so it goes on.

The reasons for this state of affairs are to be found not in the so-called technological gap, nor even in a managerial gap, but in an institutional and cultural environment which is not propitious to rapid economic growth. The characteristic features of the right environment are: heavy emphasis on education, technological innovation, and intensive growth of productivity.

The challenge of the American economy is a challenge to our intellectual creativity. He has no difficulty in showing that so far it has not been met. He points to the unsatisfactory way in which supersonic aircraft, space research, and computer development have been handled in Europe. The inability of the Common Market to do better is ascribed primarily to the fact that it has not transcended a simple customs union; only when it becomes a political power will it succeed. For this purpose it needs Britain as a member.

The counter-attack to the American challenge requires larger industrial units, major operations of advanced technology, a minimum of federal power to protect and promote European business, a transformation of the relations of business, universities and government, an intensification of education and, finally, a revolution in methods of large-scale organization.

M. Servan-Schreiber takes each of these in turn to show what needs to be done to realize the full economic potential of Europe. He calls for a revolution in thinking akin to that of Franklin Roosevelt's New Deal. He quotes such authorities as Massé, formerly head of the *Plan*, to show that rapid expansion requires continuous redistribution of work and capital, which in turn means a perpetual receptivity to change. He compares this requirement with the attitude so sharply exemplified in a quotation from one of Mme de Beauvoir's most recent books which contrasts the "austere happiness" of such poor communities as Sardinia and Greece, where technology has not yet penetrated, with the corruption and brutalization that results from modern technology!

Thus he is conscious of the difficulties of combining an "American" style of economic advance with the traditional "European" values that condition the individual's relation to the community. He has no doubt that Europe must go the American way, but he clearly also hopes that, particularly with Britain a part of this development, it can do so in its own manner.
(450 words)

Eric Roll, in The Sunday Times, 28th July 1968

69. *Rural exodus*

The declining need for manpower in highly mechanized agricultural areas, the low incomes of farm workers and the hard conditions of life in less developed regions are the most frequent causes of the drift from the land. Yet the reduction of labour demand need by no means lead to immediate rural depopulation. It has, in fact, been proved that countries with strong regional structures, or those that pursue a deliberate policy of rural revival, are very well able to put a brake on this trend.

The importance of rural areas

Rural areas have been built up by man through a long and tedious process; man has wrested such areas from nature and built up a balance between himself and nature, between human activities and the natural order. But the balance is very delicate. Where it is disturbed—and depopulation of the land above a certain level represents such a disturbance—the regions concerned become wastelands and are lost to man.

The counterpart to the industrial growth of towns is thus increasing rural stagnation. What was formerly seen as progress later entails the dangerous phenomenon of under-developed countryside. The iron law of economic systems has become so tyrannical that in the end it acts against man himself.

The unwanted children of society

Desertion of the land in favour of the town is basically an

expression of that general tendency of men, labour and capital to become concentrated in those areas where the powerful industries or the central authorities are situated. It is here that political and economic power meet; it is here that the great decisions are taken.

Hence what we are witnessing is an imbalance between the town, as a centre for political and administrative decisions, and the peripheral rural areas. The same imbalance, moreover, is repeated in a larger context at European level, where the great economic centres, such as the London or Paris basins, the Rhine–Ruhr area, Lombardy and Piedmont, exert overriding powers of attraction, and the outlying areas, such as Scotland, Brittany, Aquitaine, Southern Italy, Greece and Turkey, etc., increasingly recede into the background.

The inhabitants of these peripheral areas feel themselves to be the unwanted children of our society; only real political and industrial decentralization enabling these people to participate in social development and co-operate in the building of the modern world can prevent them from following the siren's call of power and riches.

An equal share

Thus an effective regional policy must see to it that agricultural structures are improved to ensure better working conditions for the population; it must see that industries or services are created to offer employment to those who are not occupied in agriculture; finally, and this is the most important requirement, it must ensure that the rural population is given an opportunity to co-operate, via appropriate municipal and regional institutions, in the taking of political, economic and technical decisions affecting their region.
(469 words)

Forward in Europe, December 1968

70. *The rich would get richer—the poor . . . ?*

The controversy over what will happen to Britain's farmers if we join the European Community shows no sign of slackening.

A great deal has been said and written about the possible effects of the EEC Common Agricultural Policy. Obviously it provides one of the most likely sticking points for the whole negotiations. But what exactly are the problems?

We should begin with a structural advantage because the small farm problem is much more acute in the Six than it is here. More than two-thirds of their farms are less than 25 acres; farms average 35 acres in France, 17 in West Germany and $5\frac{1}{2}$ in Italy compared with 85 in England and Wales.

But there is reason for apprehension because we should be obliged to adopt their method for helping small farmers and this would be damaging to ours. It is traditional for small Continental farmers, particularly in West Germany and Italy, to grow a few acres of corn and support for them has been given by means of an artificially high price for cereals. The target price for wheat this year, for instance, has been set at £38 10s. a ton at Duisburg, compared with a world price of £21. Britain on the other hand, is the largest importer of cereals and we have had to keep the price guaranteed to our farmers in closer relationship to the world price. This year it is £25 8s. a ton.

As a result smaller UK farmers in the higher rainfall areas do not grow cereals and have developed other lines, in particular the feeding and milking of livestock. The Common Market price of cereals would not only be of no benefit to them, it would raise their costs by about 30 per cent. The system adopted by the Six to alleviate their small farmer problem would therefore be bound to exacerbate ours.

On the other hand, it would suit our large arable farmers very well. Some of the results of joining the EEC can be predicted with certainty. The first is an immediate increase in grain growing with a corresponding decrease in grazing land. The trend towards substituting barley for grass products would be reversed because of the high cost of grain and we could expect to see a renewal of high level grassland management, particularly in methods of grass conservation. As the arable farmers would be making a lot of money we should expect land prices to rise, with large and grain-growing farms appreciating more than small and stock-rearing farms.

Land prices in the EEC are currently 50 to 100 per cent higher than in Britain. On the other hand, the increase in the

costs of small livestock farmers would be followed by a rise in the price of their products, almost certainly bringing with it considerable consumer resistance and lower consumption. The rich would get richer and the poor poorer.
(479 words)

The Sunday Times, 4th June 1967

71. *Crime and migration*

Migration within a country is also very frequent in Europe, and has been the object of many studies. In Northern Italy, the strong migration from the South has resulted in an increase in criminality rates. The internal migrant seems to be more predisposed to anti-social behaviour than the person who migrates abroad, but this point needs further examination. Integration into a national or foreign culture necessarily implies changes in behaviour variations. Any failure to accomplish this will, of course, cause maladjustment and anti-social behaviour.

The migration of workers naturally varies according to the labour market and the economic development of the countries involved. In general, the movement is from Southern or Mediterranean countries towards Northern Europe. There is a certain preference for France, Belgium, West Germany and Switzerland as host countries. Exact figures are difficult to establish because the records are incomplete. However, migratory groups exist, to a smaller or greater extent, in all European countries.

Migration involves not only several million workers, but also their families, who may also suffer the consequences of a prolonged separation. Private agencies, governments, and such international organizations as the Council of Europe have all studied the problem and have worked out a series of agreements to protect the legal rights of the workers and to establish welfare services for the workers and their families.

One characteristic of modern European migration is its seasonal character and the fact that it is not necessarily permanent. The migrant worker maintains close ties with his country of origin and returns home frequently. On the one hand, this has reduced the shock of migration and, on the other, it has created a new problem—that of the readjustment of the returning migrant. Often, upon return to his home country, the migrant faces marital problems, has new aspirations and values, and sometimes insurmountable difficulties of readaptation. Another negative aspect is the economic damage caused to the home country by the workers' migration. Its economic and social structure is sometimes seriously affected by the exodus of the most valuable members of the labour force, who, when they return, may not find industrial structures in which to exercise their newly learned skills.

The different studies on the problem of migration and crime do not explain adequately all the reasons for the anti-social behaviour of migrant groups. Obviously, anti-social mechanisms differ from group to group, as do individual personality types and traits. More studies are needed, and a better co-ordination of the work of the national and international, private and public organizations concerned is desirable. As many social scientists have pointed out, the characteristics of migrants tend to be halfway between the characteristics of the home country and those of the host country. This implies the birth of a new type of individual at the end of the migratory process. These "bi-cultural" people, born through the pains of migratory vicissitudes, may be the forerunners of the "European man" of the future.

(480 words)

Forward in Europe, June–July 1968

72. *Euro-ports battle for golden cargoes*

Larger container cranes, more industrial sites, ever-deeper channels for ever-bigger tankers—dredging, building, expanding, investing, the ports of Europe's north-west coastline are engaged in an economic free-for-all that dwarfs the competition of the giant companies.

From Dunkirk to Hamburg, seven major ports and a growing list of small ones are out for the biggest slice they can get of two of the richest cakes in the world economy: the trade of the

119

Common Market's industrial heartland and the mass of new investment round the ports.

From the North Sea to beyond the Alps is now one vast hinterland, with a closer and closer mesh of motorways, electrified railways, European waterways (adapted to take 1,350-ton barges) and oil and gas pipelines.

Customs barriers within most of the area disappeared on July 1 1968. The trade of the EEC countries has nearly tripled over the past decade, and in the course of last year more than 330 million tons of traffic were handled by the ports of the Dunkirk-Hamburg range.

Industrialization round the ports is the other prize as steelworks move to the coast to exploit cheaper imported ore, refineries and chemical plants cluster round the oil terminals and manufacturers seek major quay-side sites ideally placed for cheap distribution inside the area and the world.

Each of these North Sea ports has its own character and traditions, its own problems and a well-developed sense of its own importance.

Hamburg, at the northern end of the range, lost its traditional eastern hinterland (33 per cent of its trade in 1936, only 9 per cent now) when Germany was divided. Second largest city in Germany after Berlin and a major industrial centre, it is rich, independent and has the self-governing status of a region. So the port has kept going, without ever quite losing the air of nostalgia for past greatness. But an EFTA-EEC link-up, or the steady development of East–West trade, could give it a real comeback. Situated well inland up the tidal Elbe it nourishes dreams of a vast artificial port around some islands offshore.

Hamburg's neighbour and rival to the south is Bremen, with its deep-water extension, Bremerhaven, founded by far-seeing city authorities in the last century. With just over half Hamburg's total trade, it leads it in many sectors. It is the main German rail-to-ship terminal, handles the biggest share of the Atlantic passenger trade, and specializes in tobacco (including the Indonesian trade transferred from Amsterdam for political reasons), coffee and honey.

At the southern end of the coast, Le Havre, essentially an oil port, is not competing (yet at least) for the same hinterland. But Dunkirk (which the unsuspecting British holiday-maker seldom

realizes is France's leading port for trade other than oil) is being boosted with massive investments, 80 per cent Government-financed, and is France's challenger for the Ruhr and south Belgian trade. It has a lock for 150,000 tonners under construction (the largest on the coast) and a tidal basin planned for ships up to 210,000 tons. Its installations are as modern as any.
(517 words)

The Sunday Times, 22nd December 1968

73. *Sour grapes at wine talks*

Throughout the Great Winelabelling Controversy, the British wine trade has explained its inaction by saying it is awaiting the outcome of international negotiations by a special sub-committee of the Council of Europe, which was holding one of its infrequent meetings last week. Antony Terry discovered that the realities of this grand-sounding committee are somewhat different from the impression the wine trade has given.

STRASBOURG, *Saturday*

Outside the conference room 301 of the Council of Europe this week a tall, angular American was eyeing an Italian delegate with obvious suspicion. "Say, listen, you surely don't actually suggest there should be such a thing as *Italian* bourbon?" he demanded.

Patiently and in broken English the Italian explained: "Well, you see, we believe that if you distil bourbon whisky out of the correct ingredients and manufacture it the way bourbon should be made it doesn't really matter two centimes whether it comes from Milan or Manhattan."

Behind the locked doors of "Salle 301" and in an atmosphere of almost absurd secrecy—"You see, vast commercial interests are at stake"— delegates of 23 countries have been meeting here this week for the nth time since 1958 in a fruitless effort to formulate in the official wording "A European Convention on the Production and Marketing of Wines and Spirits".

One European delegate commented: "*The Sunday Times'* investigations into wine labelling has got several people here

121

very excited and worked up—it sort of cuts across what we have been doing for the past eight years." One draft convention prepared two years ago ran into difficulties almost before the ink was dry, and the delegates decided to shelve the whole thing until this week.

Smarting under an angry rebuke by the European Council of Ministers, who commented sharply that "they could not share the optimism of those who say that something is being done", the convention machinery has started up again. But any real chance of agreement being reached at Strasbourg as long as the wines and spirits committee is faced with the widely separated views of such differing countries as Britain, Cyprus, Finland, Australia, Holland, Malta, Turkey and France were described to me by a senior English-speaking official at Strasbourg as "pretty slender, not to say diaphanous, old boy".

An official Council of Europe document says the aim is to classify all wines and spirits "and those somewhat sharper beverages from doubtful sources—Spanish Champagne, German Cognac, North African Beaujolais and French Whisky".

One of the difficulties in reaching agreement is that the main wine-producing countries, France and Italy, are trying to get very strict quality restrictions introduced which the colder climate wine-growing countries north of the Alps refuse to accept. Their wine is allowed to be "laced" with sugar and chemicals to improve the taste up to a volume of 20 per cent.

Early this year the experts committee which is supposed to work out the technical details for the convention again got bogged down with paper work.

Members of the British delegation who turned up in strength in Strasbourg this week slipped back home again on Wednesday, leaving a rearguard of three civil servants. One of them commented: "We are still optimistic that something will come out of it eventually."

The Dutch, who regard the whole thing as a bit of a joke, say grimly that a convention on cheese would be much more useful.

Parallel with Strasbourg's long-term convention efforts, the Common Market countries are also deep in a discussion of new legislation to control the descriptions of chemical contents and labelling of wine and spirit products.

A West German at the Council of Europe commented: "I

don't think we and the Six will overlap. We started in a complete vacuum and the Six came into it much later. With all our ground work to help them the Common Market experts should be able to do the job much more efficiently."

When the disgruntled Council of Europe Ministers meet in Strasbourg in February to take stock of the progress on the wine and spirits convention some observers believe they will decide to abandon the whole project unless startling progress has been made by then. But, as one official put it, "they can refer the whole thing back to the experts again and instruct them to work out a convention based on the Common Market requirements". No one at Strasbourg is prepared to estimate how much longer this might take.

(717 words)

The Sunday Times, 10th December 1966

74. Buy British

"In general terms", says Mr Jacobson, "I refuse to believe that British cars do not compare well with foreign cars. It is an idea spread by British owners of foreign cars, who, however, fall into two basic groups, both of which have good reason for not complaining about their cars. The first are enthusiastic motorists who can afford to buy medium-priced to expensive foreign models, thus satisfying their need to be seen to be clearly different from other road users. Accordingly, they value every single idiosyncrasy of their vehicles as being further proof of their differentness—even quirks which others might resent. The second group, wanting above all cheap motoring, go for unambitious foreign models that offer reliability and durability at the sacrifice of passenger space, interior trim, and noise level. If you start off by making that sort of sacrifice deliberately, there is so much less to complain of afterwards.

"It is worth remembering that manufacturers in all countries take special care in the preparation of their export cars since the cost of rectification is so much greater once a car has been sent abroad. British companies tend to send only deluxe models overseas so that what are optional extras here are standard fittings in foreign markets. The same applies in reverse and the A.A. engineers have noticed different standards of paintwork, chrome finish and general fittings when called upon to inspect basic models of foreign cars that have been bought by members while living abroad. These 'home market' cars do not compare with the quality of similar types sent here as export sales.

"Price for price", concludes Mr Jacobson, "British cars are as good as any in the world. Some manufacturers need to provide a more courteous, more efficient after-sales service. Most need to improve the system of pre-delivery inspections which should ensure that the customer receives his new car in faultless condition in the first place."

(250 words)

Marcus Jacobson, *Where do we go from here?*,
Drive Magazine, 1968

75. Engineering: top priority

It is fair to say that if a region is dominated by one or two glamour industries, with fast growth rates, it is made to feel slightly guilty. If, on the other hand, it is particularly dependent on industries which are in decline, it is made to feel guilty too. Nonetheless, there are two particularly dangerous weaknesses in Yorkshire's present industrial composition.

One is that the industries where it is strong are not, on the whole, ones where modern technology counts for much. Steel, yes, of course. But wool textiles, clothing, confectionery, mining? Not industries which can expect to make rapid progress in terms of output per head. And therefore very much industries which a modern industrial region—and a modern industrial nation—must eventually leave behind.

Even in engineering, the region is not in those sectors where technological advance is fastest. It possesses relatively little of the sophisticated mass-production which is the bedrock of the Midlands. It has few firms with a reputation in electronics. It has David Brown, International Harvester, Crompton Parkinson, machine tool companies and quite a bit else besides. But it is not enough.

The second weakness is connected with the first. It is that the region thinks of itself as a wool-cum-steel centre, and that these industries are automatically ceded first place. They are accorded the prestige which attracts the best young men. Universities and institutes are biased towards their technical needs. Engineering, growing up as the provider of textile and steel-making machinery, is given second place, despite being, in fact, the biggest employer of all. Whereas the steel and wool companies on the whole have their headquarters in the region, the engineering plants are very often production units controlled from London.

Yet engineering is a growth industry, whereas wool and confectionery and clothing are not. It is a matter of priorities. The region's engineering industries must be given the prestige and attention (and criticism) they at present lack.

(318 words)

The Economist, 4th March 1967

76. *Wonder of the World*

Most of the world was able to share the drama of the moon landing, a drama which obviously could have ended in disaster and indeed there are still more hazards to come. As the television clock showed the last 20 minutes ticking away, second by second, and we heard the matter-of-fact voices of the American astronauts, any family with a television set was present at one of the most exciting moments of man's history. July 20, 1969, will be remembered when little children who were brought down half asleep are grandparents. It is the first event of such historic significance to be shared so widely and known so immediately.

Yet what does it mean? Obviously it is an epic of human bravery, similar to the conquest of Everest, or the great voyages of discovery. Obviously it is a great feat of scientific and professional skill, of particular appeal to so professional an age. Obviously, also, it is a reproach; the nation which personifies this and other advances is unable to solve social problems which should perhaps be simpler but are more difficult. Obviously, also, it is a symbolic act, man reaching out beyond his previous confines, an astonishing demonstration of the capacity of the most ridiculous of animals.

This celebrated event is also most mysterious in its consequences. It may be little more than a brilliantly lit blind alley, a successful act of scientific curiosity, but also an intrusion into an atmosphere so alien that it will remain of as little use to man as the much more convenient explorations of the polar regions. It could therefore be a step that leads little further than itself or it could lead to a whole series of further explorations, to a new way of life for man and not merely to the satisfaction of his curiosity or the extension of his psychological boundaries.

For the present we have the fact itself, and the fact is so remarkable that it is enough. The American astronauts have landed on the moon and we have heard their conversation from the moon and seen their progress. Their achievement will always be one of the wonders of the world.

(361 words)

The Times, 21st July 1969

77. *Developments in industrial architecture*

Industrial building must be designed architecturally. What is meant by this is simply that all aspects of the design problem, not only those of the production engineer, must be considered from the start, and properly integrated. We can no longer afford a separation between architect and engineer if we are to achieve a factory which is efficient, economical, aesthetically sound and fitting to its neighbourhood. A wise industrialist, from the moment he decides to build a plant, will appoint a design team to consider every aspect in an architectural way so that both buildings and plant will take account of the social and human needs of the people who will spend the greater part of their lives in close association with them. He will appoint specialists in that team who can take account of the complexities of structure, electricity and mechanization, heat ventilation and artificial light, process plant and machine tools, social welfare and hygiene. Most important of all, he will appoint as leader of that team a man who is expert in design leadership—be he an architect or an engineer. The design leader must be a man who can give due weight to all aspects of the problem so that when the plant is completed it is both economically and architecturally sound.

On the technical and economic side of the design of industrial buildings the major controversy in the last few years has been the extent to which they should be adaptable to changing processes. Should factories be tailor-made to meet the production process now operated, or should they be designed so that an alteration in the production process—developments arising from new machines or methods—can be easily made? On the face of it, there would appear to be such an overwhelming case for designing for change that we may wonder why the subject is controversial. We have only to look back at the well-designed tailor-made factories of the past to see how little suited they are to the present; a fifty-year-old industrialist need only remember the changes in techniques and machinery in his own firm since he joined it in his youth. But it is a fact that factories are still designed to suit exactly the production line that will first be put into them, with the electrical and mechanical services to the machine so rigidly confined and tied to the structure that when changes have to be made—as they certainly will—it becomes a costly business in money, effort, time and disturbance.
(423 words)

E. D. Jefferies Mathews O.B.E., F.R.I.B.A., A.R.I.C.S., and Michael Ryan F.R.I.B.A., A.A., *Penguin Survey of Business and Industry*, 1965, Penguin Books Ltd.

78. *Computers: Aircraft companies use them well*

Rolls-Royce has finally, after a ten years' run-in period, decided to publicize what it has been doing with computers. The result is impressive. Rolls-Royce boasts one of the most advanced all-round systems in Europe; 23 computers (including those belonging to merged Bristol-Siddeley) manned by 1,000 staff deal with integrated scientific design research and data processing jobs. Equipment installed is worth about £6 million (a good 70 per cent of which has been invested in American machinery), current spending is 2 per cent of its £170 million annual turnover, and likely to remain around that for the next decade. Rolls-Royce says that it already makes a 15 per cent return on expenditure—which is pretty high compared with what other, reasonably efficient computer users claim. Initially Rolls-Royce has concentrated on a computer system to modernize production with resulting tightened management control.

Probably the most interesting area, and one which American aircraft manufacturers have concentrated on, is in the design of parts. Rolls-Royce is moving towards the day when the computer and the designer will work together to produce new ideas; it has already gone a reasonable way in that direction. So far the designer feeds in his specifications and from then on the machine does the detailed drafting, designs the tools needed to produce the parts and issues tapes to control the work of machine tools. It also stores an engine's entire development history. This does not yet apply right across the board but is being successfully used for manufacturing compressor and turbine blades.

The other job is in the testing of completed engines. So far engines are only tested for altitude performance by simulating stresses, etc., that the engine might come under while in flight. Next year, all being well, twelve engines will be computer tested at one go, for every conceivable fault again with big time-saving. The checks are done in minutes.

The overall computer complex in Derby, soon to be linked to Glasgow, gives the impression of a mighty wheel of information, machine monitored, about to turn really fast. There have, however, been snags. Punched cards, not exactly the latest way of transmitting computed information, are used throughout. At some stage soon a swap to more sophisticated methods will have to come in order to move the data faster. The chief supplier, IBM, has just about come up to scratch (although the big new computer is late in starting). Rolls-Royce has been tough: it decided to buy equipment outright instead of renting and has refused to pay for anything until it is working properly.
(433 words)

The Economist, 17th June 1967

79. *Post-war development of the world's fishing fleets*

The electronic eye of a satellite looking down on the fishing craft of the world today would blink in amazement at the phenomenal developments that have taken place among them since 1946. And its electronic brain would realize that those developments, to which most of mankind is oblivious though dependent upon for food, almost parallel the more spectacular developments that have taken place among air and space craft. If it took a closer look at the major fishing fleets, it is likely that it would be greatly impressed by the ingenuity and industry recently shown by the principal fishing nations in improving vessels, equipment and methods for the pursuit and capture of fish in both traditional and new fisheries.

The major fishing vessels today are larger, faster, more powerful in every respect, better equipped, and able to catch more fish per unit of effort than their predecessors of the immediate post-war years. Since the war, provision by governments of tank-testing facilities has enabled designers of fishing vessels to make improvements in hulls of traditional design. Tanks in which all sorts of wave conditions can be simulated are now in existence and naval architects can accurately assess the likely behaviour of new types of craft before they are built. New steels have been introduced and improved methods of construction evolved to make vessels more seaworthy than their predecessors.

Developments in methods of propulsion parallel those made in hull design and construction. Oil-fired boilers in steam-powered craft and steam engines have been replaced extensively by diesel or diesel electric propulsion engines. In turn, massive slow-revving diesels which have been replaced by compact high-speed diesels are so reliable that no engineers need be carried to maintain them, the engines being operated entirely by remote control from the wheelhouse.

Many recently constructed major fishing vessels have been fitted with controllable pitch, instead of fixed pitch propellers; and these enable them to be manoeuvred with greater accuracy and precision relative to their gear. Most fisheries research vessels are fitted with such propellers; and many of them also have an active rudder motor and a transverse propeller in the bows as well. In 1964 an active rudder motor and bow thruster were fitted to a commercial fishing vessel for the first time—to a purse-seiner built in Norway for an Icelandic owner—to enable her to be kept clear of the net when hauling.

Introduction of the method of stern trawling, and of refrigerating and processing machinery suitable for use at sea, has probably brought about the biggest revolution of all in design and lay-out.

(442 words)

John Burgess, in *Progress*, the Unilever quarterly,
no. 283, 1/1965

80. *Golden Age for the fourth generation: (a) The search for better software*

The system must be able to absorb a continuous stream of information, instructions and requests fed in by direct line from remote terminals all over the organization. It must be able to handle each transaction in due order while working with a continuously updated file of information, and still carry on with the batch jobs like pay-roll, which are the routine of today's computing, in the background.

The rudiments of all these things are already available on today's machines, but there is a long way to go before it becomes commercially attractive for the average company to put itself on-line to a computer maintaining a "single data base" as a means of integrating all its activities.

More efficient software will have to be written—today's systems tend to expend an uneconomic proportion of their efforts on the simple house-keeping of sharing their time among a number of users. Bigger, faster and cheaper memory stores will be essential, and new ways of organizing them will have to be found to keep the programming effort entailed in setting up really big data banks within reasonable bounds.

Some of the computer industry's most intensive development efforts are concentrated on the memory problem, and this is where advances in electronics are likely to have most effect.

Large scale integration—essentially a matter of squeezing more and more circuit elements onto a single piece of silicon—will probably find its first use in high-speed memory stores consisting of large numbers of identical elements which can be cheaply mass-produced in this way.

There are some revolutionary ideas in the offing about entirely new ways of organizing computer memories as well. Instead of giving each block of data an address, indicating the location where it is actually stored in the machine, it could be much more convenient to have an associative memory where data is given an identification tag which allows it to be summoned up from a common memory pool, like calling in a child from the playground, though one hopes more reliable.

John Iliffe in ICT is one protagonist of this kind of approach, and some present-day machines—such as the General Electric 645 and the Burroughs 5000 series—go a little way towards it. The problem is whether, faced with the need to give existing customers a smooth changeover to new machines manufacturers will be brave enough to introduce any really radical improvements.

(406 words)

The Sunday Times, 5th May 1968

81. *Golden Age for the fourth generation: (b) No limit to the benefits*

The fourth generation machines specially designed for on-line operations will not be able to do their job effectively unless they can be tied into a network capable of supplying them with the data they need. And if the network is there it will create a demand for computer services which would be stifled if it did not exist. It is impossible to put a limit on the benefits it could bring to all sectors of the economy, as well as the computer industry itself.

A team led by Derek Barker at the National Physical Laboratory is already working on the design of a British data net. In their system the business of setting up a direct connection between users is completely eliminated.

The user—it can be a giant computer or someone tapping

away on a teletype machine with one finger—feeds his message in at a terminal and it is transmitted straight to an interface computer which links the local lines to the national network. The interface machine does all the work of packaging the message into a standard format and stores it ready to be forwarded as soon as an opportunity arises. All this will be done at computer speeds, so it would only take a hundredth of a second to transmit a message from one end of the country to another.

The data net would behave in a completely different way from the telephone system—the tariffs would certainly be on a different basis—but in practice it would share many of the same facilities. The Post Office is already going over to digital transmission systems which break speech down into code pulses just like computer data. Local telephone lines could be taken over for the data net by disconnecting them from the exchange and running them directly to the interface computer.

The NPL itself, with about 100 users wanting to tie into £1 million-worth of computers scattered about the site, is just the sort of area which an interface computer is intended to serve. Barker's group is already building and assembling hardware for NPL's data net and will soon be ordering a £30,000 computer to be programmed for the interface job. Even with a 5 per cent improvement in utilization of the lab's computers, the system will pay for itself.
(387 words)

The Sunday Times, 5th May 1968

82. *Whitehall frenzy at gas bonanza*

So vast are the North Sea natural gas finds that the Government now know that all Britain's present gas demands, 1,000 million cubic feet a day, can be supplied from one single drill hole—that owned by the Shell-Esso combine.

The Minister of Power and the Gas Council chairman have been told by Shell-Esso that their strike last month 38 miles north-east of Great Yarmouth can supply all the gas that Britain at present needs.

Urgent discussions are being held between the Treasury and

Ministry of Power economists to gauge the full impact of the energy supply discovered at block 49/26, the Ministry's code name for the Shell-Esso concession which promises to upset Britain's entire energy pattern—and save a fortune in imported oil.

For, with the BP discovery announced some time ago and now estimated to be equal to an output of at least 200 million cubic feet a day, Britain will have a surplus whenever these two supplies can be piped on shore.

Later this month, the Gas Council is confident of striking gas itself in block 49/19, a concession about 60 miles north-east of Great Yarmouth. And it is an open secret, I understand, that whenever the state-owned industry's drilling rig "Mr Louie" strikes gas it will be capped and the rig taken to the concession next door to Shell-Esso's bonanza, which ironically enough has been taken by the Gas Council.

Frenzied, if confidential, moves are now being made both in Whitehall and the energy industry's headquarters to attempt to assess, and if possible contain, the impending flow of North Sea natural gas. During the past week both Sir Henry Jones and Sir Ronald Edwards, the electricity Council's chairman, have indicated, guardedly, the need for change.

While Sir Henry has said cautiously that Britain may be able to switch over entirely to natural gas "within the next ten to fifteen years", he now knows that all the North Sea gas he is likely to need is now waiting to be piped ashore.

Sir Ronald Edwards, who is privately if not publicly discussing electricity generation by natural gas, knows it needs five years from planning a new power station to the day it begins producing electricity. So plans now being hastily revamped will take until around 1971 to complete.

If the multi-million figures being discussed between Shell-Esso, the Government, and the Gas Council are translated into energy pumped ashore from the North Sea, then it will mean an end to the coalmines' present sale of 15 million tons of coal to the gas-makers.

A bitter commercial battle is raging between the oil companies and the Gas Council over just what price the gas should cost. Clearly the more that is discovered the cheaper it will be. But so great are the amounts now likely to be found under the Shallows

off the East Coast that at least one leading Treasury economist is speculating about major exports of natural gas to France through a submarine pipe-line.
(507 words)

The Sunday Times, 8th May 1966

83. *The computer in tomorrow's refinery*

Three years ago, engineers at the Institute of Technology in Cleveland, Ohio, began theoretical studies of the use of computers to replace the many individual control devices. [In this system] the many individual valves and instruments in a refinery are wired directly to a digital electronic computer. Then the computer is programmed to take continuous readings of conditions in the system, one after the other, at microsecond intervals. When it detects a need for adjustment, the computer immediately dispatches the necessary instructions to the valves. The system is described by engineers as "time-shared control" because the computer shifts its attention in rapid sequence from one control point to another.

The computer systems now being planned will have something like the reliability required in spaceship guidance in order to minimize breakdowns. One computer will take over the work of another in case of a failure, and operators will also be able to take charge in an emergency. Two-way radio will link the control centre with men working in the plant.

Electronic controls make possible many innovations in refinery operations, all pointing toward greater efficiency. For example, it has long been the practice to check product quality by drawing off a sample of liquid or gas for laboratory analysis. Hardware exists that makes it possible to tap a pipe in which the product is flowing, deliver it to an automatic analyser, and receive the result in a minute or two. This information is then fed directly into the control computer, which makes any required change. The computer will also count every gallon of product as it is processed.

Elsewhere, a large capacity central office computer will check inventories and sales forecasts, calculate optimum profit possibilities, assign production targets, and transmit the next month's running schedule back to the refinery.

Fantastic as these predictions sound, they are based on present computer capability. Digital control, data logging and monitoring of inventory cost accounting, forecasting, and scheduling are now being done by electronic systems. As computers become simpler and more reliable, and as processes become more complex and more closely controlled, the electronic systems themselves will be linked to provide more and better products. "Computer control", says an engineer, "is becoming the key to efficiency in any great plant."

To the men who will work in refineries and factories of the future, the introduction of better computer methods will mean more challenging work than ever before, the experts say. Over the years some reduction in manpower will probably take place in oil refineries, but there, as in other industries, the main purpose of automatic controls will be to improve plant operations and increase productivity. There will be fewer book-keepers probably, but more mathematicians. Tomorrow's workers, technicians, and managers will have to be more skilled than today's in order to keep up with the machines they will be running. According to the late N. Wiener, one of the prime movers in the field of cybernetics: "The world of the future will be an ever more demanding struggle against the limitations of our intelligence."

(588 words)

The Lamp (a publication of Standard Oil Company,
New Jersey), Vol. 48, no. 2 (Summer 1966)

84. *Now the oilmen drill in the Irish Sea*

The mysterious seepage of oil near Formby on the Lancashire coast has long been known to geologists—it was actually used during the Second World War—but its source remains unexplained. Most of it is found at a depth of only 2000 feet, trapped between a layer of clay and a layer of sandstone underneath.

British Petroleum have optimistically drilled in the neighbourhood down to 7000 feet without finding deposits, so the oil cannot originate nearby. The most likely explanation is that it seeps under the sloping layer of impervious clay from somewhere out in the Irish Sea.

With the recent discovery of oil in a layer of red sandstone beneath the North Sea, the Formby seepage has taken on an entirely new significance for the sandstone in the area, which runs out under the Irish Sea, is geologically very similar. If the sandstone contains oil under the North Sea it may well contain oil under the Irish Sea too. (This oil is unconnected with the North Sea gas, which is found in older, deeper rocks, and probably comes from the decomposition of coal at a deeper level still.)

One company, Gulf—so far unlucky in the North Sea—has already taken out an extensive production licence to drill five ten-mile-square blocks off the Lancashire coast. A detailed seismic survey was completed last month, and upon its results will depend whether Gulf's new rig, at present under construction, will be the first to operate in the Irish Sea.

And in a few weeks' time, the recently established Institute of Geological Sciences will start a survey of the bed of the Irish Sea which will enable oil companies to choose the most promising areas for their detailed seismic work. This is the first stage of a ten-year programme for the geological mapping of the whole of the continental shelf around Britain which will help to locate other underwater minerals like phosphates, gravel and iron.

With most companies already deeply committed in the North Sea, with many hopeful areas there still unexplored, and with a world shortage of drilling rigs, there is unlikely to be a sudden oil rush to the Irish Sea. Nevertheless, university research has shown that the long-term prospects are extremely promising.

Gravity measurements have revealed two "lows" (regions where the pull of gravity is slightly weaker than normal) to the east of the Isle of Man, separated by a ridge of higher gravity which runs from the Isle of Man to the Cumberland coast. They have also revealed a third low, which may be related, off Dublin.

A gravity low, caused by certain kinds of rocks which lie underneath it, is a sign of a deep sedimentary basin where oil

136

and gas may have formed from marine sediments deposited anything up to hundreds of millions of years ago. The gas finds in the North Sea were all made in a similar region of low gravity, where there are faults in geological strata to provide traps for the gas, and a layer of salt to prevent it from escaping upwards. There is faulting and a salt layer under the Irish Sea too; the salt is so thick in places that it makes seismic sounding very difficult.

Besides oil, there may well be gas under the Irish Sea, for the Cumberland coal measures, which continue well out to sea, may lie under substantial areas of its north-eastern part. If the promise is fulfilled, there could be not only additional mineral reserves for Britain, but also a much-needed source of economic wealth for Ireland.

(589 words)

The Sunday Times, 4th June 1967

85. *The structure of operational research*

The scientist, in his scientific method, is always attempting to build hypotheses on the basis of actual observations. These observations may be qualitative or quantitative, but in every case the scientist lists what he has observed, is frank about his methods of analysis and then erects a hypothesis which is subject to constant qualitative or quantitative scrutiny. The hypothesis will be cast in much broader terms than the original observations and hence will be constantly checked by measurements and observations from fields other than the rather specific field in which the first observations were made. This is a necessary condition for us to gain a rapid understanding of the world in which we live. We have to assume that underlying the apparent chaos of life, there is a basic order and pattern and common sense involved.

In some cases the hypothesis testing and the model building of the scientist takes place in terms directly applicable to an experiment. In other cases the scientist is unable to carry out direct experiments on the thing he is observing. For example, an astronomer cannot experiment with the universe. An engineer cannot experiment with a physical structure such as a bridge in order to see whether it will stand up to the stresses which are going to be imposed upon it and so he builds a model of the bridge. This model is not a physical model, like a toy, but is a conceptual model, a force diagram. By making deductions about the way in which forces are transmitted through the millions of molecules which together make up the structure of a bridge, the engineer is able to reduce all this to a few lines on a piece of paper. This model bears only the faintest resemblance, in physical terms, to what is actually going on in the real life situation, but it is capable of solving particular problems for an engineer. The model then, in these terms, is an experimental device. It is a way of experimenting with a real situation without actually going into the real world. But we notice that such a model building approach can only be of use when it is based on a firm knowledge of measurement. The engineer has to know how to measure force in a particular part of a structure. He has to know how to be able to measure the breaking strain of a particular beam or girder. He has to be acquainted with what is meant by a bending moment. It is only on a firm foundation of knowledge and of basic measurement that model building in engineering terms is possible. This seems to have a direct analogy to the situation facing scientists to try to study another set of problems which are not susceptible to direct experimentation, namely the consequences of decision in complex management situations. The executive of a large industrial company is denied the opportunity of experimenting with his organization. The modern executive is faced with a complex interacting structure consisting of five basic elements, men, machines, money, materials and markets. All of these, to a differing extent, are under his control and his task is to try to manipulate, within the terms of reference of his job, these five factors so that he performs his task in the best possible fashion. This mention of 'best' implies some criterion by which we judge the consequences of alternative decisions and this means that we must have some scale against which we can set results of different decisions. The difficulty of the task facing the executive is that these scales are not generally in terms of one unit. It is difficult to reduce everything to cost or value terms. We may imply a cost term by such words as goodwill, customer satisfaction

and customer service, industrial accident rate, labour turnover and so on, but a major part of the difficulty of the industrial executive's task is that he is dealing with factors in a number of different dimensions and cannot relate the results of decisions on a simple metric.
(667 words)

Progress, the Unilever quarterly, no. 285, Summer 1965

86. *Revolution in the list business*

The amount of unsolicited advertising material landing on your doormat—heavy enough already, no doubt—is about to increase sharply. Until now, unless you were a doctor, a company official or an habitual postal shopper, Britain's direct mail industry has tended to leave you alone—because it could not define you exactly enough to make the cost of a mailing campaign for any given product or service attractive. To be a good mailing prospect, you had to be on a proven list—of, say small hardware retailers, or company directors, or known subscribers to racing tipsters.

But now an IBM 360/30 computer in Sunderland is two-thirds of the way through changing all that. It is busily converting the returns of last year's one-in-ten Census into the most sophisticated mailing system ever offered to British advertisers.

Instead of buying a list of likely prospects, as at present, an advertiser will be able to choose whole districts guaranteed to contain an overwhelming number of "correct" households— that is, for the company selling swimming-pools, an area packed with class A/B home-owners with one or more cars; and for the company offering extended hire-purchase on industrial boots, a factory area full of class D/E tenants. The proposition was so attractive that it justified to BIA, Britain's biggest direct mail agency, the cost of buying the original tapes from the Board of Trade and then hiring a computer to convert them.

In fact, for what BIA call their "Consumer Quality Index", the selection will be even finer. Not only will it break down the country demographically into 42,000 districts (averaging 350 households to the district), but it will differentiate between commuters-by-car and commuters-by-bus, "young" and "old" areas, crowded and open areas.

To assault the new market, the direct mail agencies are also planning a new weapon: combine-mailing. Clearly, for any given selection of mailing areas, the "profile" of the inhabitants will be acceptable to more than one advertiser—the select suburbs, for example, contain prospects for central heating, foreign holidays, and cine cameras, as well as swimming pools.

So the direct mail agency approaches a number of likely advertisers—non-competitive—and offers room in a single, fat mail-shot to, say, half-a-million homes in predominantly A/B suburbs. The advertiser supplies his mailing material—and pays, for envelope, addressing and postage, only as much as he would have to pay in postage alone for a single, independent mailing.

The agency has an arrangement, known as rebate sorting, with the GPO. The agency supplies half-a-million letters to the Post Office, already sorted into bundles and sacks by postal code number. In return, the GPO cuts the postage rate by up to 25 per cent. The innocent customer finds next morning a bumper bundle of advertising from as many as five or six different companies, all tucked into one envelope.

For a higher fee, companies may include a reply-paid card. This means that they will end up with a superior list of their own —free of all deaths, removals and non-prospects. This they regard as their own property, can use separately or can, of course, sell to someone else in the old style.

Although most direct mail agencies are very reluctant to let their lists out of their hands—they usually insist on doing the actual addressing, enveloping and mailing themselves—there is a lively market in lists. There is also some piracy—and counter-espionage. Most list-owners habitually include check-addresses (such as the managing-director's mother) so that they can spot any mailings going out without fee to "their" lists.

Most lists are the product of hard work applied to public information, like the Electoral Register, professional handbooks and so on, but many are private. These usually consist of someone's customers: 200,000 people who have bought racing tips (£3 per thousand), or 20,000 purchasers of rheumatic remedies

(£10 per thousand) typed on to envelopes. Any company that finds itself in possession of such a list ought to, and usually does, consider either renting it out to non-competitors, or letting an agency handle it on a royalty basis.

Each time a list is used, the user hopes to end up with his own list, "cleaned" to suit himself—that is shorn of the dead and the removed and the non-responders. In his turn, he may then rent it out, so that a really good mail prospect, who habitually completes and returns the business reply card, will eventually figure in dozens of lists, each in turn being used to produce fresh lists. The chain-letter has nothing on the direct mail business.

The effect of all this on rival media—TV, Press, posters—is disputed. At present, organized large-scale direct mail accounts for more than 15 per cent of total advertising expenditure. Combine-mailing to CQI districts will almost certainly compete with TV and Press, since it allows the advertiser to be more selective—and, of course, he can pre-test a campaign with a small sample mailing.

(820 words)

The Sunday Times, 4th June 1967

87. *Giant cannot jump the queue*

By the time Concorde goes into service in 1973, building of London's third airport should be well under way with the first pair of its eventual four runways about to be opened. The advent of the supersonic airliner is obviously one of the factors which the Roskill Commission must be taking into account in deliberations on where the third airport should be.

Not that the Concorde will seek to be treated any differently from any subsonic airliner in the air traffic pattern, although special treatment would improve operating costs. All the design philosophy has been directed towards it taking its place in a holding "stack" with the present generation of jets, and for it to join the queue for take-off and clear the runway after landing like any other aircraft.

Considerations which must be taken into account by those

facing the airport decision include the possibility of the aircraft being noisier on take-off than contemporary machines, and its necessity, from the economic operating point of view, to go supersonic as soon as reasonably possible after becoming airborne.

Siting the airport at the Essex estuarial site of Foulness would be best from a lateral take-off noise point of view. Both take-off noise and landing at Foulness would be over the sea, while none of the several schemes for its development envisages urban development adjoining the airport.

From a supersonic cruise aspect, however, Foulness would be the worst of the four sites at present on the Roskill short list. Particularly in its early passenger-carrying days, Concorde will be used almost exclusively on the north Atlantic run. With Foulness on the east coast of Britain, it would have to cross the whole breadth of the land before being able to go through the sound barrier down the Bristol Channel.

An alternative would be to route it from Foulness around the Isle of Thanet and down the English Channel, but this diversion would not be welcomed by the airlines, while if the effect of the boom on shipping is to be considered the aircraft would have to travel a long way down this crowded waterway before it was clear of possible "victims". Foulness, on the other hand, would be ideally situated for the time when Concorde's potential over long-distance routes began to be realized on services to Africa, the Middle East and the Far East and Australia.

Later still, assuming that agreements will be made with the Soviet Union to use the trans-Siberia route at supersonic speeds to the Far East, Foulness will again prove an ideal jumping-off point.

But in spite of the obvious advantages of being away from the centre of population and of being well sited for many of the routes, Foulness has the two big disadvantages of being far more expensive to develop than any of three inland sites, and of being a long way from the centre of London. Two of the prospective developers have put up the price of filling in 8,000 acres of what is now mud-flats with dredgings, constructing the runways, and linking the whole to London with a system of new roads and railways at about £105m., although the final cost could work out at much more than this. The most recent development scheme put the cost, including a deep-water dock, at £1,800m.

Foulness is 45 miles from London and "out on a limb" in that intending passengers from the Midlands and the north would have a difficult cross-country journey to reach it. This criticism can also be levelled at one of the inland short-list sites, Nuthampstead, in Hertfordshire, but does not apply in the case of Wing, in Buckinghamshire, or Thurleigh, Bedfordshire.

Both these are within easy reach of the main north–south railway lines and roads, including the M1, are near centres of population and industry in the Midlands, and may be reached from South Wales without too much difficulty. From the centre of London, Wing is 50 miles, and Thurleigh, the airfield of the Royal Aircraft Establishment, Bedford, is 60 miles away.

Flights from either Wing or Thurleigh would have the equal advantage of having to pass over a reasonably short stretch of land in terms of the aircraft's subsonic speed before reaching open, supersonic areas. Both have the great drawback of swallowing up vast tracts of good agricultural land. Thurleigh, it is true, is an airfield already, but it would need enormous development to make it an international terminal to serve London, employing eventually up to 60,000 people.

Development of Thurleigh would also mean the closing and removal elsewhere of much expensive research equipment, including advanced wind tunnels. A round figure of £25m. has been put on the cost of such removals—a sum similar to that quoted for the moving of the firing range at Foulness.

The prospect of having the Concorde and thousands of subsonic airliners operating in their areas has already brought strong protests from the communities which surround all four of the short-listed sites. All will have the opportunity of voicing objections at the public inquiries by the Roskill Commission. The first of these is due to be held at Southend on May 5, and will concern Foulness.

Not until the end of next year is the Commission expected to give a final decision on where the airport should be. At this distance, and without knowing the views of those who will appear at the inquiries, it is difficult to make forecasts, but it

would appear that Foulness, in spite of cost and access problems, is the best of the four on the short list. There is little doubt that it would be best for Concorde.
(945 words)

The Times, 15th April 1969

88. *Boom on the line*

The major conurbations, in spite of Government entreaty, remain the magnets for industry and commerce and in consequence, whether he is overalled or white-collared, the worker as well. Improved road and rail communications between the large centres cause minor and sometimes major property booms along the route where there is already sufficient population to justify a stop on the railway line or a convenient link with the motorway.

There is no doubt that the worker is now prepared to travel much farther to and from his job. The tradition of employees in industry clustering around the mills has been buried. For the majority of breadwinners, selection of the area in which to live is linked with domestic economics and schools; job location is now only one of many considerations.

Perhaps the biggest problem for the young marrieds is the acquisition of sufficient capital to pay the deposit on a house, to furnish it and to settle the legal and other fees arising from its purchase. Mortgage repayments, although not necessarily easy, are often much less of a strain than this first seemingly insuperable hurdle. Ten or 20 per cent of central city prices will take that much longer to find than the same proportion in the suburbs of provinces. Add to this the romance of living in the country, a relative term which may mean a semi-detached bungalow in the environs of Northampton, or a traditional cottage with few services to speak of in an isolated part of Buckinghamshire, and all that is then required is adequate transport to work centres.
(265 words)

The Times, 14th October 1968

89. *Planning and the future*

Today society faces a crisis in conserving the basic qualities of life, and action is urgent. "Forward in Europe" has already documented the ample proof that "laissez faire" leads to "laissez détruire". It is obviously unfair to blame planning for this. Much of the present town and country planning stems from an era of local development, when economic planning was hardly known and relevant sociological studies were little advanced. Now, population numbers and new technologies, the scale of the problems and, above all, the greater mobility, not only of people but of ideas, demand new conceptions of planning. Whatever else is done, there must be some strategy for Europe to harmonize the effects of economic, physical and social forces, if the world's most densely populated continent is not to be the first major environment to be irrevocably degraded.

A primary task is to identify planning in its many guises. The policies of the agricultural and forestry ministries in most countries of Europe influence by far the greatest area of land. Transport and tourism, fuel and power services, mineral exploitation, water supply—these are some of the issues deciding separately the fate of large parts of the continent. They need to be rigorously scrutinized for their implications for the environment. The long-term plans of major private corporations —European and national—and of important policy-formulating bodies, such as the landowners' association and the farmers' unions, pesticide manufacturers and recreational bodies, must also be regarded as an integral part of the planning strategy at European, national and regional levels, if their diverse activities are not to inhibit comprehensive resource planning.

At regional level, the economic and physical characteristics of the region must be given special consideration: population policies; distribution and development of industry; communications; regional services; landscape features—all must be harmonized within European and national strategies.
(310 words)

Robert Arvill, in *Forward in Europe*, December 1969

90. Why redeployment has failed—so far (1)

Another example of what happens in the absence of growth and an effective manpower policy has received some publicity in the last few days. Welders retrained in government training centres at the taxpayers' expense have found it impossible to get jobs in their new skills. What conclusion is one to draw from this?

Here one can usefully go back to the National Plan. Whatever its other failings it did provide an extended picture of the British economy and its prospects and problems the last time it was working at full capacity. The Plan revealed that, at capacity working, British industry suffered from a number of critical labour shortages, particularly of certain grades of skilled workers. Given that the labour force is not likely to grow over the next decade, these labour shortages were likely to impose an increasingly tight brake on the scope for future expansion, unless urgent steps were taken to ease them.

These steps included a shake-out of labour from declining industries, more effective use of labour through capital investment and an attack on restrictive practices, and a crash programme to create the extra supply of skills needed. Though the problem of labour shortage has at least temporarily receded, on current indications it will return as soon as the economy resumes expansion, unless action along these lines is taken.

The logic of this—and it is logic which has never been explicitly faced—is that if we are to put ourselves into a position where we can re-expand without running into the old bottlenecks, we must create a surplus of skills during the recession. Any such surplus will be quickly utilized when expansion is resumed, and without it any expansion will quickly run out of steam.

Thus training more welders and other skills than we can currently employ is precisely what we *should* be doing, and is certainly nothing to be ashamed about. And if some of those trained at our expense join the "brain drain", that is a cost that must be faced.

(304 words)

The Times, 25th September 1967

91. *Why redeployment has failed—so far (2)*

So what is the conclusion? First, and most obviously, we are now having to pay the price of running our economy at a high level (by post-war standards) of unemployment. That price is that it becomes much more difficult to move labour out of declining areas and trades into those which ought to be expanding. Second, however, this very dilemma reflects so far the failure of the Government's redeployment policy.

Had we been able to carry out the promises made by Mr Wilson and his colleagues about redeployment a year ago, we would today have a lower unemployment rate, a higher rate of production and exports, greater growth potential—and almost certainly less resistance to redundancy in declining or automating industries. If we wish to break out of the trammels in which our manpower policy is increasingly being caught, the way is not through slowing down pit closures but through stepping up schemes for retraining and labour mobility. How is this to be done? There are a number of ways in which the financial and other costs of physical movement—for example, in the provision of housing—can be eased. Some progress has been made in this field in recent years, and more could be done. So far as the long-term provision of new skills is concerned, the training boards are beginning to make an important contribution. The Government has made a number of moves recently to make such training more attractive to firms.

But, vital as this training is, its impact must be long-term rather than immediate—at least while the basis of such training remains the excessively elaborate traditional apprenticeship. The real immediate problem is *retraining*, the main medium for which is not the Industrial Training Board but the Government Training Centre. And this is where our performance lags most obviously.

(343 words)

The Times, 25th September 1967

92. *From small beginnings . . . the use of pilot plant*

The engineer and the surgeon have many things in common. They are both dealing with an uncertain world where the unexpected must always be provided for. Their training is therefore directed to this end. Once an incision has been made, the surgeon has to act on the spur of the moment to cope with any eventuality which may manifest itself. The same rules apply in the case of an engineer starting up a new plant or piece of machinery.

The surgeon can minimize these unexpected emergencies by a very careful and detailed diagnosis of the patient before the operation. The engineer in a like manner can be helped greatly in his diagnosis of the peculiarities of a given system by the use of pilot plant. He must still, however, be fully prepared to modify conditions at a moment's notice should anything tend to go wrong on the large-scale plant.

There is also another aspect of uncertainty which distinguishes the engineer, and indeed the surgeon also, from the pure scientist. The latter is always looking for an exact solution of his problem, whereas the applied scientist has to realize, and has to be trained to realize, that there is not one unique solution of the problem but many solutions in this variable world of ours. These solutions may all produce equally satisfactory answers in practice. Hence, the solution varies according to the individual personality of the engineer. In terms of pilot plant this means that there can be a considerable scope in its size and layout and that no fixed rule can ever be adopted to guide newcomers.

The size of pilot plant can vary then, in theory at any rate, from the small laboratory bench scale to almost full-sized plant. As the scale becomes larger so the pilot plant is more expensive to buy and erect, but to offset this disadvantage the answers obtained by the use of this large equipment may be more exact, and provide a means whereby the large-scale errors can be reduced in magnitude and amount.

(343 words)

Progress, the Unilever quarterly, March 1961

93. *The Brain Drain: (a) Invest to create more challenging jobs*

[Insufficient recognition at all levels of society of the fact that the source of national wealth is in the creative, productive industries of this country is the underlying reason behind the heavy and increasing loss of talented young engineers, technologists and scientists from the United Kingdom, says the working group on migration whose report was published yesterday as a White Paper.]

After allowance for those who returned and immigrants from other countries, the net loss is estimated to have risen from nil in 1961 to 2,700 (1,900 engineers and 800 scientists) in 1966.

The working group says the "brain drain" of qualified manpower from the United Kingdom is harmful to the interests of the British economy, but it rejects short-term solutions based on physical controls of one kind or another.

"The brain drain is essentially a consequence of a national attitude which has grown up over the years and which cannot be altered overnight.

"The right solution is to create more challenging opportunities, particularly in industry, for talented people. This will require a high and sustained level of industrial investment. It will also require greater recognition that the source of national wealth is in industry, and that new ideas create wealth only if commercially exploited."

There should be a deliberate national policy of higher pay on a selective basis for talented young engineers, technologists and scientists in industry.

They should play a fuller part in the formulation of company policy and objectives, and industry should appoint more of them to serve on its boards of directors.

Increasing the nation's wealth

Much of British industry is prone to regard the technically-qualified man as essentially a backroom occupant whose advice may be sought, but who is never in the true sense consulted.

There is need for effective direction of the national research and development effort more towards increasing national wealth, says the report, which recommends that the Government should direct its policies towards this end and report on progress at regular intervals through the publication of an annual review.

There is criticism of the attitude of the universities. They should reverse the current tendency to train scientists towards solely academic achievement as an end in itself, and should direct the emphasis of their education more towards the needs of manufacturing industry.

The excitement, rewards and challenge of industry need to be more imaginatively presented to talented people in the universities.

The report recommends there should be an Anglo-American and intra-European exchange of teams to study management attitudes to the employment of qualified manpower.

It sees no merit in negative or restrictive policies. The "non-remedies" which the working group reject include imposing restrictions on the freedom of individuals to cross national frontiers, financial controls, whether between one nation and another, upon the individual who wishes to export his knowledge and skill acquired as the result of higher education; restricting the output of the academic disciplines which figure prominently in the brain drain; halting the activities of foreign recruiting agencies.

(409 words)

The Times, 11th October 1967

94. *The Brain Drain: (b) The need for a new look at the regions*

The problem of the international "brain drain" is reflected in Britain where the traditional labour-intensive industries of the 19th century have been releasing labour partly because of a declining demand and partly because of their own mechanization programmes.

At the heart of the regional problem therefore lies the fact that the labour released by these industries is not skilled in the techniques required by the newer industries which have grown up chiefly in the South-eastern half of Britain. Thus unemployment co-exists with an overall labour shortage.

Since the Development Areas, even as recently expanded, contain only about one-fifth of the country's population, while their average rate of unemployment is about double the national average, it follows that more people are unemployed in the relatively prosperous regions than in the development areas. Within these special areas are many localities where the unemployment rate hardly differs from the national rate, so that other places bear the brunt of the burden, and particularly the younger people seek to escape by moving to where more jobs are to be found.

This selective emigration and the earlier specialization of these areas in the heavy industries with resultant higher disablement rates are some of the factors which adversely affect the quality of the unemployed in the North and West, when compared with those in the South. Thus, as well as being more numerous, the unemployed in the South tend to be younger and contain a wider range of skills.

Consequently the labour shortages in the South and East, though often higher, disconcerting and frustrating, have not in fact been sufficiently marked to drive enough firms towards the North-West: and neither have the varied, substantial subsidies granted by the Government proved sufficiently attractive to potential re-locating firms.

(291 words)

The Sunday Times, 30th April 1967

95. *Why the regions feel sore*

An effective regional plan needs clear aims; a proper economic and population base; investment priorities; an awareness of physical planning elements; and effective machinery. We fail on all five.

The regional studies prepared by the appointed regional council are strong on discussion and description, but weak on analysis and projection. They consist of a series of statements on bits of the problem—employment, roads and the rest—and

151

it is difficult to discover any clearly stated or well-argued philosophy about the future role of the regions, enabling its peoples to live satisfactory lives, or the regions' basic role in national life.

And there is nowhere any real discussion about the pros and cons of possible alternative basic roles. There are catalogues of problems and shopping lists of proposals to deal with them, and underpinning it all is the unquestioned assumption that if, for example, a region is losing population this must be stopped, if its old industries are changing they must always be replaced by new ones at the same or preferably a higher level.

By definition "bigger must be better". The Northern Regional Study, for example, facing difficult economic and migration problems, says "halt migration by 1981", without saying exactly why or being able to see quite how to do it. This limited preoccupation with size and jobs is surely wrong. There are many other possible objectives to be taken into account.

National thinking about aims in regional planning is equally vague. Are we, for example, any clearer than before about how the desperate national need to get our balance of payments right ought to affect our location of industry policies in the long term? The South-East Study, in search of an economy to underpin a growth of 6 million people by the end of the century, may oblige the Government to face this: how much should industry be allowed to grow in the South-East to help achieve the national economic objectives, and what are the economic and social implications for the other regions?

And, again, what are the national aims in the social and physical planning field? Do we, for example, drift on towards bigger and bigger conurbations because we are convinced that they provide the right kind of social satisfactions? Or because we don't know how to stop?

If the national criteria are uncertain, the regional "raw material" on population and employment is vague and inadequate. The likely future scale of the regions' economy and population affects everything else—character, shape, investment, and the rest.

(423 words)

The Sunday Times, 14th July 1968

96. *Works accidents soar—but how real are they?*

A Ro.S.P.A. spokesman said last week: "There's an un-doubted connection between the exhortations to industry to increase productivity and the increase in accidents. Everyone is putting pressure on industry to get a move on, and it is doing so. But it is also taking more risks."

The fact that fatalities in industry have been declining gradually in the past few years is seen as a tribute to more efficient and rapid medical attention.

The Inspectorate, because of a blitz on employers three years ago for the non-reporting of accidents, believes that increased reporting and malingerers taking advantage of the new medical certification system and the "three-day rule" have caused the figures to soar. In plain English, statistics are not giving a very accurate picture.

What's an accident?

Although it will not be announced at this week's conference, the Inspectorate is soon to make recommendations for the alteration of the three-day rule.

At present a worker who is off for three days because of an accident (though it may not amount to more than a blood blister) is the legal definition of an industrial accident. Employers and the Ministry feel that this presents an obvious opportunity to employees to stay away from work needlessly in too many cases.

The Inspectorate is likely to recommend that the three-day period should be reduced—though it is unlikely to go as far as the Confederation of British Industry's recommendation that an accident should be defined "when blood is spilt" and at that moment.

The problem here would be to establish exactly what an accident was—a cut head needing first-aid attention but not impairing work, or a cut head which causes a man to lose a shift?

But both Ro.S.P.A. and the Ministry try hard to seek ways in which lessons learned at national level about accidents should be applied at factory floor level. At the moment, it is commonly agreed, there is too large a gap between the safety poster on a

153

factory wall and actually seeing that its exhortation is acted upon.

Clubs such as the Golden Eye and the Golden Shoe (whose members must have escaped serious injury by wearing goggles or protective shoes are flourishing, and they have done a fine propagandist service. But, as a factory inspector points out, these clubs do not prevent accidents and might, in fact, cause complacency in their members.

The Ministry's unofficial attitude to industrial safety is: the right way is the safe way. And that, as this week's conference will show, is where the talking starts.

(437 words)

The Observer, 8th May 1966

97. *Cleaner air and water*

The European Conservation Conference in Strasbourg this week has set its sights high. The delegates are discussing nothing less than the management of the environment in tomorrow's Europe. The conference is also the real beginning of International Conservation Year, which is supposed to promote a "concerted effort to make the right choices in improving the quality of the environment and creating surroundings that satisfy man's present and future needs".

Minds have turned during the past year to the threat from the accumulating volume of waste poured into the air and waters and deposited on the land. Public awareness is echoed in the cry for cleaner towns and countryside which is taken up on political platforms. This in itself suggests that exhortations for more effective control over pollution of the biosphere have been effective. But it does not give proper credit to those, mainly biologists, who have been trying to rouse the consumer, industrialist, agriculturist, and politician from apathy for nearly ten years. What is slightly disappointing for those expecting immediate action is that the Strasbourg conference is a meeting largely of the converted and some of the programmes planned for the next year by participating countries are educational.

Collaboration must be international because pollution does not recognize national boundaries. We all share the same air. There is no greater witness to this than the spread of radioactive fallout, or the fact that the industrial belts of Europe are responsible for the sulphur dioxide which has contaminated the air over Scandinavia. The Rhine flows through four countries carrying the effluent from those near its source to those on its lower reaches, eventually to foul the common waters of the North Sea.

Conservation has been defined as, at its simplest, the wise use of resources. Contamination of the air, pollution of rivers, erosion of soils, and hideous rubbish-heaps could be described as symptoms of bad management. Conservation is concerned with preserving the quality of life, not with stopping change. Legislation is needed to ensure that technological advance does not mean a dirty environment. It was because of the hazard to health from polluted waters used for drinking and from smog that earlier action was taken. There is no simple method of calculating the cash benefits of clean air, though the Roskill Commission, investigating the site for London's third airport, may set a precedent by weighting its choice in favour of the site which least disturbs the quality of life.

One ultimate solution is for all waste from industry to be put back into the production cycle. A quicker remedy would be to insist on manufacturers keeping control of at least the synthetic chemicals discharged as effluent. These tend to be the most damaging substances. They are virtually out of control as soon as they get into a waste-pipe. The laws covering pollution are still too few and too weak.

(541 words)

The Times, 10th February 1970

98. *The new towns have their problems*

The New Towns are broadly fulfilling the function for which they were created; but, in some respects, they are not developing according to plan. The difficulties which have arisen are largely problems of human needs and relationships, some, though not all, of which could be solved if money were forthcoming to build the meeting places essential to the proper development of a community.

Five years ago, New Towns were front page news; today the press gives them little space and when it does the article may suggest that they are a failure. Why can some people claim they are not the success they should be? Is the conception unsound? Is the machinery for creating them at fault? Are the critics being unfair or unrealistic? Before examining these questions let us look back to the time when New Towns were news and see the problem they set out to solve.

Public opinion is slow to grasp a new problem, and it has taken fifty years for it to realize the implications of the rising standard of living in this country, of the demand of every family for a home of its own, and for a decent home at that. After the first world war, the demand was realized, but its implications were not. It was possible for Dr. Addison, President of the Local Government Board (now the Ministry of Housing and Local Government) to say that "the building of houses was first priority wherever they might go". This attitude of mind let loose the flood of bricks and mortar that has shocked many people ever since. Between the wars, ill-considered use of land permitted four million houses to be built in the wrong place and produced all the evils and disadvantages of the housing estates and of the suburb. Even within the last ten years when alternatives to the suburb were being considered, it was possible for a responsible planner to report to his committee that "the likelihood of large scale decentralization of houses and industry is too fanciful for serious consideration". Yet that is just what is being achieved in the New Towns in spite of high building costs and the economic difficulties of our time.

What are the alternatives to decentralization? Possible solutions to the housing problem alone are to build high flats in the centre of our cities near to people's work, but this leaves many problems unsolved, not least of which is the Englishman's dislike of living in flats; or people may be rehoused in the suburbs or the country at the expense of a long journey to work, a solution costly in terms of finance and human fatigue. Pre-war governments adopted both these alternatives, though even at that time private enterprise had indicated that there were other solutions.

Post-war governments, whatever their political creed, have in addition to an orthodox housing programme adopted the principle of housing and work being considered as a single problem of dispersal. They have therefore introduced legislation for the creation of New Towns and the expansion of existing towns whereby people and industry are moved some distance from the existing metropolis. The idea of New Towns is not, of course, new. We have had them in such examples as Saltaire, Port Sunlight, Bournville, Welwyn and Letchworth for a hundred years or more. But the need of New Towns en masse, as we know them today, grew out of the ambitious planning proposals that were prepared towards the end of the last war. At that time the nation, in idealist mood, was being encouraged by the government of the day to plan boldly, and to rebuild its cities to better standards than those of the past. It was in this optimistic atmosphere that Lord Reith's committee set about the task of reporting on the machinery required for creating New Towns and on the form that they should take.

The Committee did its task well; it set the standard high. So widely were Lord Reith's views accepted that it is against that standard that New Towns are judged today and in some ways are found temporarily to have fallen short.

The same fate has overtaken many post-war planning schemes. They were not prepared in relation to the size of the nation's physical resources. We planned beyond our means, only to be told by successive Chancellors of the Exchequer to tighten our belts and to reduce capital expenditure. Thus throughout the country, many of our planning ideals have had to go and so it is with some of the refinements of the New Towns.
(739 words)

Progress, the Unilever quarterly, no. 242, 1/1964

99. *Why the hippies matter (1)*

Rudolf Klein suggests that the recent squattings, sit-ins and other goings-on may be the symptom of a far more important movement. The startling aspect of the whole affair is that it took

157

place, not in a poverty-ridden, fear-gripped society, but in an affluent, stable country. In short, what may be really significant about the whole movement—if that is not too grand a name for what is a loose coalition of often-contradictory and usually incoherent groups is that it is a reaction *against* the age of affluence.

Two quite different streams go to make up the protest movement. There are the squatters proper, who are protesting against the fact that the affluence is not spread evenly enough: by occupying houses they are seeking to dramatize the plight of the homeless. This is a fairly traditional form of protest, and has been successful in drawing attention to a very real social problem.

But the other element, which has increasingly distracted attention from the social protest aspect of squatting, is very different. The "hippies", to use convenient shorthand for a very motley collection of people inspired by very different motives, don't want the country's wealth to be better distributed. They want to opt out of the affluent society altogether. They are deliberately choosing a lower standard of living. They are putting idleness before washing machines.

What we may be seeing is nothing less than the beginning of the collapse of the whole Puritan ethos which has dominated the advanced industrial societies of the West for the past 150 years. Just as the pill has completed the destruction of the Puritan ethos of sex, so affluence is beginning to undermine the Puritan ethos of work. Here is a group which challenges the entire assumption on which the wealth of industrial countries has been built: that work is not just a necessary evil but a positive good, an expression if not of saintliness at least of civic responsibility.

This may seem to be a large conclusion to draw from the antics of a few scruffy youngsters (many of whom may simply be attracted by the sheer excitement of it all). But there is at least some evidence which suggests that this may be only the beginning of a larger movement and that, for this reason, it is worth taking the whole affair seriously—if only as a symptom of the kind of ills which may increasingly afflict affluent societies. (406 words)

The Observer, 28th September 1969

158

100. *Why the hippies matter (2)*

Drop-outs

First, there is the fact that the hippy movement started in California. For this is precisely the kind of rich society which can afford the luxury of maintaining a fair proportion of drop-outs. And although California's living standards are probably the highest in the world now, Britain and other industrialized countries will probably achieve them before the end of the century: at a pessimistic guess, our income per head of population will at least double by the year 2000 and may be tripled or quadrupled.

Second, there is some evidence to suggest that quite a few of the hippies are voluntary drop-outs from society. Unlike the soccer hooligans they are not, on the whole, the rejects of society: the secondary modern boys who see no future for themselves. There is, of course, an element of that. But quite a few of the hippies seem to come from comfortably-off families. They themselves are rejecting the values of their parents.

Lastly, there is the simple fact that, with the development of technology, hard work is becoming less necessary. Modern technology gives society a margin of economic safety: even if there are people who prefer to live on supplementary benefits or people who would rather have more leisure than higher standards of living, the result is not catastrophic. Conspicuous idleness is becoming an affordable luxury.

To state this in Britain today may seem like an insult to the hundreds of thousands of people who still live in poverty and squalor. But the morality of scarcity is going to be more and more difficult to maintain as affluence grows and spreads. For example, Herman Kahn—the nuclear theologian who has now turned his attention to futurology—raises, in his book, '*The Year 2000*', the possibility that rising incomes may lead to the rejection of traditional 'work-orientated, advancement-orientated, achievement-orientated attitudes'.

He goes on: 'If the "Puritan ethic" becomes superfluous for the functioning of the economy, the conscience-dominated character-type associated with it would also tend to disappear. Parents would no longer be strongly motivated to inculcate

159

traits such as diligence, punctuality, willingness to postpone or forego satisfaction, and similar virtues no longer relevant to the socio-economic realities in which children are growing up.

So it could be that the hippies, in their own strange way, are the portents of what is to come. Indeed, one suspects that some of the hostility directed against them springs from envy. In all probability a high proportion of the crowd, which approvingly watched the police ejecting them, gamble on the football pools— in the hope that a large win may enable them to opt out from the dreary routine of their jobs.

The wonder is that so many people appear to like their work —and prefer moonlighting jobs for more money rather than leisure when their hours are cut. A great many jobs in an industrial society are bound to be extremely unattractive—as anyone who has visited a car-assembly plant, with its ear-splitting noise and soul-destroying monotony, can testify.

Frustrated

For all these reasons, it would be a mistake to dismiss the hippy syndrome. No doubt the hippies attract a great many maladjusted people; no doubt the particular form which the movement has taken could prove a very evanescent phenomenon; no doubt it may even reflect local and temporary reasons —for example, the number of London hippies might be sharply reduced if some disused building were made available as a cheap doss-house for the floating population of youngsters.

The immediate fashion of protest also points to a long-term trend. The hippy form of protest is a singularly negative, passive and mindless reaction to the problems of an affluent society. But to denounce the hippies doesn't deal with the problems.

At the moment it is irresponsibly premature to turn one's back on the very real social evils that remain, as the hippies are doing. But it's important to make sure that, as and when these evils are dealt with, no vacuum arises—and that stunted and frustrated idealism doesn't find expression only in self-indulgent and self-centred opting-out.
(580 words)

The Observer, 28th September 1969

Notes to
FRENCH–ENGLISH TEXTS
1–50

The notes provided for these selected non-literary texts are intended to be guides to comprehension and translation and are in no way meant to be taken as the only valid rendering. It would have been preferable linguistically to explain words and expressions in the language of the texts, but for practical purposes it was decided that a mixture of '*explication de texte*' and straight translation was advisable.

1. Fallait-il créer Rungis?
caduque: *obsolete.*
un groupement de producteurs: *a union of farmers.*
chercher à tourner les clauses: *to twist the provisions.*
les responsables des grandes chaînes: *the managers of the chain stores.*

2. L'étude du marché n'est pas le marketing
rigueur (*f.*) méthodologique: *stringency of approach.*
appareil (*m.*) de distribution: *distribution system.*
opportunité (*f.*): *timeliness.*
C'est lui qui préside aux choix qui orientent le destin de la société:
 He is the man who controls the choices, makes the decisions determining the firm's future.

3. Craintes du patronat
assécher: *to dry up.*
l'UNICE: = l'Union des Industries de la Communauté Européenne.

4. L'aide financière et technique aux pays en voie de développement d'expression française
les chômeurs, qui sont *les plus démunis*: ... *worst off* ...
...de patrons *abusifs*: Translate by a relative clause; cf. who exploit them.
mise en œuvre (*f.*): *application, implementation.*

5. La télévision concurrence de plus en plus la presse populaire en déclin
écurie (*f.*): *pool.*
sur le plan rédactionnel: *as far as editing is concerned.*
des histoires croustillantes: *juicy, spicy stories.*
annonceur: *advertiser.*
les « bonnes plumes »: *the good writers*

6. Vivre pour l'expansion...
si on n'a pas l'esprit de maison poussé à l'extrême: *if one is not entirely devoted to the firm.*
dégringoler: *to collapse, to fall by the wayside.*
On a bien déchanté: *We have certainly changed our tune.*
La déception des quadragénaires... la rancœur: *The disappointment and very often the bitterness of the over-forties.*
Participer, dialoguer: Translate by nouns.
un salutaire *défoulement*: se défouler = *to let off steam.*

162

les mandarins de tout poil: *all manner of V.I.P.s.*
Qu'ils rognent un peu sur le golf ou le bridge!: *Let them cut down a bit on their golf or bridge!*
Voire: *That remains to be seen.*

7. L'avenir de l'or (1)
un cours forcé: *a forced rate of exchange.*
que les Américains ne se leurrent pas: *don't let the Americans delude themselves.*
déthésaurisation (*f.*): *dishoarding.* Thésauriser (cf. Lat. *'thesaurus'* = trésor) = amasser des richesses = *to hoard.*

9. La tentative française
prises (*f. pl.*) d'intérêt: *take-overs.*
la poussée des capitaux: *the influx of capital*; cf. la poussée des affaires, *pressure of business.*
le second *commandant...* le premier: *... controlling ...*
O.C.D.E.: = Organisation de Coopération et de Développement Économiques.
L'économie française se verrait *cantonnée:... confined, restricted ...*
des structures... fortement *durcies...: ... made rigid ...*

10. La contagion de la « surchauffe »
liquidités (*f. pl.*): *liquid assets.*
droits (*m. pl.*) de tirage spéciaux: *special drawing rights (SDRs).*
... pays déficitaires... pays excédentaires: *... countries showing a loss or a surplus.*

11. Les coopératives répugnent à choisir le statut commercial
esprit (*m.*) de clocher: *parochial spirit.*
assainir leur gestion: *clean up, reorganize their management.*
pourrissement (*m.*): *crumbling.*
L'ordonnance (*f.*) ... est restée... lettre morte: *The decree ... has remained ... a dead letter.*
coopératives (*f. pl.*) de statut civil (commercial): *co-operatives, unions, associations, of civil (commercial) status.*

12. L'inflation et la société de consommation
bailleurs (*m. pl.*) de fonds: *money-lenders, sleeping partners.*
écouler l'offre globale: *to sell off ... to dispose of ...*
amortissable: *payable.*

163

13. Les réseaux d'informatique
batterie (*f.*) de programmes: *set of programmes.*
ordonnancement (*m.*): (*job*) *scheduling.*
temps (*m.*) de traitement et de transmission: *processing and transmitting time.*
réseau (*m.*) en temps partagé: *time-sharing network.*
capteurs (*m. pl.*) d'informations: *data capture units.*

14. Le démarchage à domicile doit être réglementé
démarchage (*m.*) à domicile: *door-to-door selling.*
A.P.F.: = Association Populaire Familiale.
C.S.F.: = Confédération Syndicale des Familles.
bon (*m.*): *chit, slip.*
Si un organisme compétent est saisi: *If one refers the matter to a competent organization.*
Un texte... *a cheminé* de ministère en ministère: ... *has been passed on ...*
l'hôtel Matignon = La Présidence du Conseil; cf. Downing Street.

16. La France peut-elle devenir le fournisseur de viande de l'Europe?
le « plancher des vaches »: Allusion à la chanson populaire — « On est heureux comme des poissons dans l'eau sur le plancher des vaches ».
« suivez le bœuf »: Célèbre slogan publicitaire au début des années 60, encourageant les ménagères à acheter du bœuf.
grimper sur le toit des prix: Jeu de mots double reprenant l'expression « crever le plafond des prix », d'où grimper sur le toit, et l'œuvre musicale de Darius Milhaud — « Le bœuf sur le toit ».

18. L'Europe face aux investissements américains
les A.-M.: = les Alpes-Maritimes.
dirigeants (*m. pl.*): *managers.*
cadres (*m. pl.*): *executives.*
L'Angleterre, elle, était matériellement presque *indemne*: *unhurt, intact, undamaged.*

19. Vin: coupages interdits... en principe
des vins, *dits médecins*: ... *so-called medicinal ...*
vins à appellation contrôlée: *controlled-origin wines.*
hectolitres (*m. pl.*): 1 hectolitre (hl) = 20 gallons.
la chaptalisation: Chaptaliser = ajouter du sucre au moût du raisin avant la fermentation; cf. text no. 73, p. 122.

20. L'Europe en crise: y a-t-il une issue?
mise (*f.*) en cause: *questioning*
pourrissement (*m.*): *crumbling.*
de larges couches (*f. pl.*) du pays: *vast strata of the population.*

22. Vers une politique commune de l'emploi
zones (*f. pl.*) géographiquement délimitées: *well-defined geographical areas.*
territoire (*m.*) communautaire: *throughout Europe (the Community).*

23. L'industrie textile européenne
conjoncture (*f.*) textile: *textile trade cycle.* Cf. German *Konjunktur* (*f.*), *trade cycle.*
entreprises (*f. pl.*) rescapées: *surviving firms.*

24. Le travail à la chaîne
qui vient nuancer... : *which introduces shades of difference into . . .*
travaux (*m. pl.*) de presses (*f. pl.*), perçage (*m.*), décolletage (*m.*): *press work, drilling, turning.*
espacement (*m.*): *timing.*

25. La prévision des besoins de main-d'œuvre
apprentissage (*m.*) sur le tas: *training on the shop floor.*

26. La protection des métaux contre la corrosion
l'hexafluorure d'uranium: *uranium hexafluoride.*

27. Le raffinage des produits pétroliers
soutirer: *to draw off.*
carburéacteur (*m.*): *jet fuel.*
coupes (*f. pl.*) huileuses: *distillation fractions.*
chloration (*f.*): *chlorination.*

28. Un nouveau pas dans la miniaturisation de l'électronique: le super-circuit intégré: le « L.S.I. »
plaquettes (*f. pl.*): de circuits (*m. pl.*) intégrés: *integrated circuit boards.*
interconnexion (*f.*) multicouche: *multi-layer connection.*

29. La commercialisation des produits chimiques
rouage (*m.*): *link.*
soudières (*f. pl.*): *soda works.*
carbonate (*m.*) de soude: *sodium carbonate.*
Il entre dans les attributions de... : *It is part of the functions of . . .*

30. L'auto-commutateur 2750: l'ordinateur au téléphone
télé-informatique (*f.*): *teleprocessing.*
auto-commutateur (*m.*): *automatic switching equipment.*
pupitre (*m.*) de commande: *control console.*
habilité à: *entitled to.*

31. Les jeunes chefs d'entreprise réussissent en soignant la publicité de leurs produits
autocuiseurs (*m. pl.*) appelés vulgairement cocottes-minute (*f. pl.*): *self-cooking utensils commonly known as pressure-cookers.*
ils ont conquis le marché avec une marmite sûre: Jeu de mots sur « conquérir », au sens militaire, renforcé par « marmite » désignant, dans l'argot de la guerre, un obus.
la cocarde et *le bonnet phrygien*: le bonnet phrygien = un bonnet d'origine anatolienne adopté par la révolution française sous le nom de « bonnet rouge ».
ferblanterie (*f.*): *tin-plate fittings.*
fignoler: *to touch up.*

32. L'affrontement technologique avec les États-Unis: quelles sont les solutions?
à terme: *in the long run.*

33. Alliages légers et automatisation
poste (*m.*) d'usinage: *machining station.*
ligne (*f.*) d'usinage: (usually: chaîne (*f.*) d'usinage) = *machining line.*
une machine à commande numérique: *a numerically controlled machine.*
Son prolongement mécanique est un convoyeur: *It is extended mechanically by a conveyor.*
palette (*f.*): *palette.*
repérage (*m.*): *locating, registering.*
palpeur (*m.*): *feeler.*

34. Les perspectives du textile
hors taxes: *before tax has been deducted.*

37. L'homme et l'Espace. Chercher la vie
Beaucoup de savants *en viennent à l'idée que*: . . . *have come round to thinking that* . . .

38. Des années laborieuses
OREAM: = Organisation d'Étude et d'Aménagement de l'Aire Métropolitaine.

Une ville *anémiée et brouillonne*: *stuffy* (in the sense of suffering from lack of clean air) *and disorderly.*

39. Le littoral français est encore aux trois quarts inoccupé: la difficulté, c'est de savoir le « remplir »
ostréiculture (*f.*): *oyster-breeding.*
charge (*f.*) vitale: *attracting force.*

40. Fait-il encore bon vivre sur la Côte?
cette zone surfaite: *this overrated area.*

41. Les loisirs, c'est aussi un problème d'information
dirigisme (*m.*): *planned economy.*
le dirigisme des loisirs: *Government-planned use of leisure.*

42. Les paysans dans la société industrielle
de bons esprits: = des gens bien intentionnés (emploi un peu sarcastique).
L'industrie est la « locomotive » d'une économie moderne: *Modern economy is being driven by industry.*

43. La matière grise se paie en dollars
à huis clos: *in camera.*

44. Faut-il construire de nouvelles autoroutes et où?
...est mal répartie: *is badly distributed.*
l'autoroute qui la double (la route): *relief motorway.*

45. La modernisation de Paris et le développement du Bassin parisien
équipements (*m. pl.*): *social amenities* (schools, roads, transport . . .).
armature (*f.*): *backbone.*

46. Le Nord doit renoncer à construire de nouvelles villes pour transformer ses nombreuses agglomérations en véritables cités
querelles (*f. pl.*) de clocher ou d'obédience: *parochial disputes.*
capacité (*f.*) d'innovation: *enterprise.*
circuits (*m. pl.*) de décision administratifs: *elaborate system of administrative authorities.*

47. Le monde clos de la pêche
trois heures de quart: *three hours on watch.*
congés (*m. pl.*) payés: *holidays with pay.*

167

48. L'homme assis
flagornerie (*f.*): *toadying.*

49. Au large des cités anciennes... les villes nouvelles
les ZUP: = Zones à urbaniser en priorité.
voirie (*f.*): *administration of public thoroughfares.*
égout (*m.*): *sewer.*

50. Les vacances vont devenir des marchandises
produits (*m. pl.*) de grande série: *mass-produced goods.*

168

Notes to
ENGLISH–FRENCH TEXTS
51–100

51. Trade problems
income elasticity: *élasticité (f.) des revenus.*
limited consumer demand: *la demande consommateurs.*

52. Higher education for management
creative drive: *impulsion (f.) créatrice.*
to quantify: *mesurer, évaluer, déterminer avec précision.*
to claim primacy: *avoir la primauté, revendiquer la primauté.*
a calmness and objectivity of approach: *une attitude calme et objective.*
new moves: *de nouvelles actions, des innovations (f.pl.).*
a potential manager: *un manager en puissance, un futur cadre.*

53. How the gold system works
by and large: Here, *à tout prendre, en fin de compte, en définitive.*
the two cannot get very far out of line: *ils ne peuvent beaucoup se désaligner.*

54. New group must shoulder the sterling area millstone
Another issue to be hammered out: *Un autre problème à démêler.*
to hold the balances: *maintenir l'équilibre.*
a standby credit: *un crédit de réserve.*
B.I.S.: = Bank for International Settlements, *B.R.I.* = *Banque des Règlements Internationaux.*
... will swing into surplus: ... *redeviendra excédentaire.*
the tightening of the credit squeeze: *le renforcement de l'austérité en matière de crédit.*

55. Is income tax an incentive?
teach-in: *colloque (m.), séminaire (m.).*
disincentive: *frein (m.).*

56. Wooing women into industry
for management potential: *comme candidats aux fonctions de gestion.*
a walk-over: *un jeu, du « tout-cuit ».*
the newer management conceptions: *les nouvelles conceptions du management*—or *du manègement* (a recent French rendering but not advisable).
the proving part: *cette mise à l'épreuve, à l'essai.*
the most enlightened still toss around phrases like "trail-blazing",

"pathfinding": *les plus évolués continuent d'employer des formules comme « innovateur », « pionnier ».*

the well-worn direct entry path: *le sentier d'accès direct à présent bien frayé.*

57. British imports: the food bill
broadly non-competitive: *fort peu concurrentiels.*

is always open to interpretation: *n'a jamais fini de se discuter.*

the increasing share of processing: *la part croissante des opérations de transformation.*

58. The high price of redundancy
The sting lies in . . .: *Le point noir, c'est que...*

hard core (*adj.*): *central, fondamental.*

stockpiling unwanted coal: *le stockage du charbon superflu.*

the cost of severance payments: *le coût des primes de licenciement.*

the high cost of thinning out its work force: *le coût élevé de la réduction des effectifs.*

59. Tribology drive could save industry £500m.
bad bearings: *roulements (m. pl.) en mauvais état.*

over-wear: *usure (f.) excessive.*

60. The gaping loopholes in travel controls
on the same footing as: *sur un pied d'égalité avec...*

the cutting back of tourist spending: *la réduction des dépenses des touristes.*

. . . switching between the two . . .: *...le passage de l'un à l'autre...*

the interplay of free market forces: *l'interaction des forces du marché libre.*

61. Top men in marketing
the amount of discretionary income available: *le montant du revenu laissé à libre disposition de chacun (une partie du revenu servant à payer des « consommations collectives » au moyen d'impôts, cotisations de sécurité sociale, etc.).*

62. Full circle for the wheel of service
distribution patterns: *modes (m. pl.) de distribution* or *modes de commercialisation* (« *distribution* » *est plus exact mais moins français*).

the depersonalization of retail trade: A literal translation is impossible here. Approximately it would be *les services fournis par le commerce de détail de moins en moins personnalisés.*

63. Management: the hostile environment
key executives: *cadres (m. pl.)*.
managerial incentives and sanctions: *techniques (f. pl.) de gestion des entreprises mettant en œuvre des incitations et des sanctions.*

64. Organizing for improved investment decisions: the contribution of management
improved investment decisions: *l'amélioration des décisions en matière d'investissement.*
merger: *fusion (f.)*
take-over: *rachat (m.), prise (f.) de contrôle.*
net of tax return: *taux de rendement des capitaux investis après impôts.*
gross of tax profitability return: *taux de rentabilité des capitaux investis avant impôts.*
to play it safe: *jouer sur du velours.*

66. Europe: Six on a tottering bicycle
De Gaulle has made the point brutally: *De Gaulle l'a fait brutalement comprendre.*

67. VAT is not unfair
value-added tax: *taxe (f.) à la valeur ajoutée.*
on a rough and ready basis: *au petit bonheur.*

68. Fight for Europe
consultant firms: *des cabinets d'experts-conseil.*
technological and managerial gap: *le retard technologique et le retard dans le management.* The French are tending to use more and more the word *management* when referring to recent techniques of management. One may even hear *le gap technologique.*

69. Rural exodus
drift from the land: *exode (m.) rural.*
imbalance: *déséquilibre (m.).*

72. Euro-ports battle for golden cargoes
free-for-all: *mêlée (f.), bagarre (f.).*
... could give it a real comeback: *pourrait vraiment lui redonner la vedette.*
But Dunkirk ... is being boosted: *...reçoit un appui.*

73. Sour grapes at wine talks
to lace: *chaptaliser.*

172

the committee got bogged down with paper work: *le comité s'est enlisé dans la paperasserie.*

74. Buy British
general fittings: *appareillage (m.) général.*
price for price: *à prix égal.*

75. Engineering: top priority
glamour industries: *industries (f. pl.) prestigieuses.*
wool-cum-steel centre: *centre (m.) lainier et sidérurgique.*

76. Wonder of the World
of particular appeal to: *qui séduit tout particulièrement.*

77. Developments in industrial architecture
process plant: *matériel (m.) de transformation.*
well-designed tailor-made factories: *usines (f. pl.) bien conçues sur mesure.*

78. Computers: Aircraft companies use them well
slow-revving: *à régime (m.) lent.*
compact: *de faible encombrement.*
purse-seiner: *purse-seine = seine (f.) à poche, essaugue (f.).*

80. Golden Age for the fourth generation: (a) The search for better software
software: *software (m.); ensemble (m.) de programmes nécessaires à l'exploitation d'un système informatique.*
a continuously updated file of information: *un fichier continuellement mis à jour.*
batch jobs: = batch processing: *traitement (m.) différé (ou par lots).*
to put itself on-line: *se connecter.*

81. Golden Age for the fourth generation: (b) No limit to the benefits
on-line operations: *exploitations (f. pl.) en mode (m.) connecté.*
interface computer: *ordinateur (m.) à interface (m.).*
digital transmission system: *système (m.) de transmission (f.) numérique.*
code pulses: *impulsions (f. pl.) en code, codées.*

82. Whitehall frenzy at gas bonanza
guardedly: *avec précaution.*
plans *now being revamped*: *...en cours de rafistolage.*

83. The computer in tomorrow's refinery
hardware: *hardware (m.), matériel (m.), équipement (m.)*.

84. Now the oilmen drill in the Irish Sea
seepage: *suintement (m.), infiltration (f.)*.

85. The structure of operational research
breaking strain: *effort (m.) de rupture, force (f.) à la rupture*.
bending moment: *moment (m.) de flexion (f.), moment fléchissant*.

86. Revolution in the list business
racing tipster: *tuyauteur (m.)*.
commuter: *pendulaire (m.), banlieusard (m.)*.
racing tip: *tuyau (m.) pour la course*.
on a royalty basis: *moyennant honoraires (m. pl.)*.

87. Giant cannot jump the queue
well under way: *bien avancé*.
holding "stack": *point (m.) d'attente (f.)*.
out on a limb: *isolé*.

88. Boom on the line
property boom: *boom (m.) immobilier*.
mortgage repayment: *remboursement (m.) de prêts (m. pl.) hypothécaires*.

90. Why redeployment has failed—so far (1)
effective manpower policy: *politique (f.) efficace en matière de main-d'œuvre*.
shake-out of labour: *licenciement (m.) de la main-d'œuvre*.
bottleneck: *goulet (m.) d'étranglement*.

91. Why redeployment has failed—so far (2)
redeployment: *reconversion (f.), recyclage (m.)*.
redundancy: *chômage (m.) technologique*.

92. From small beginnings . . . the use of pilot plant
pilot plant: *installation (f.) expérimentale, usine (f.) pilote, matériel (m.) pilote*.
on the spur of the moment: *sur le coup*.
to cope with any eventuality: *faire face à toute éventualité*.

93. The Brain Drain: (a) Invest to create more challenging jobs
brain drain: *exode (m.), des cerveaux, fuite (f.) des cerveaux*.
on a selective basis: *selon le mérite*.

174

94. The Brain Drain: (b) The need for a new look at the regions
to bear the brunt of . . .: *supporter le fardeau de...*

95. Why the regions feel sore
investment priorities: *priorités (f. pl.) en matière d'investissements.*
to underpin: *soutenir, étayer.*

96. Works accidents soar—but how real are they?
malingerer: *tire-au-flanc (m.).*
shift: *période (f.) de relève, poste (m.) de travail.*

97. Cleaner air and water
fallout: *retombées (f. pl.).*
industrial belt: *zone (f.) industrielle.*
rubbish-heap: *monceau (m.) de détritus (m.).*
smog: Sometimes left as « *le smog* » but usually referred to as *brouillard (m.) londonien.*

98. The new towns have their problems
if money were forthcoming: *si l'on disposait des fonds, si l'on trouvait l'argent nécessaire.*
to let loose the flood of bricks and mortar: *déclencher l'avalanche de briques (f. pl.) et de ciment (m.).*

99. Why the hippies matter (1)
motley: *bigarré.*
scruffy: *crasseux.*

100. Why the hippies matter (2)
drop-out: French sociologists suggest *déviant (m.)*, from the verb *dévier* to indicate someone who 'drops out' of society. One also finds *drop-out (m.).*
futurology: *science (f.) de l'avenir.*